Antiquitäten kaufen

Birgit Adam

Antiquitäten kaufen

Ein praktischer Leitfaden
durch die Welt des Handels
und der Auktionen

BATTENBERG

(Umschlagabbildung: »Raritätenkabinett« Stilleben aus der Barockzeit von einem unbek. Maler (© Archiv für Kunst und Geschichte AKG, Berlin)

Vordere Umschlagklappe oben: Großer Park-Cachepot mit zwei geflügelten Engeln. Bronze 19.Jh. Wert ca. 2.500 DM (© Auktionshaus M. Zeller, Lindau)

Mitte: Bildnis der Maria Magdalena von Anton Zeller, 1760 Scherzingen/Baden, Öl auf Lw. 63,5 x 50 cm. Wert ca. 2.800 DM (© Auktionshaus Zeller)

Unten: Barocker Tabernakel-Aufsatzsekretär aus Niederbayern um 1760. Wert ca. 40.000 DM (© Auktionshaus Zeller)

Hintere Umschlagklappe oben: Sitzender Bodhishattva Manjusri. Silber. Tibet. Wert ca. 3.500 DM (© Auktionshaus Zeller)

Unten: Deckelpokal des Historismus. 19.Jh. Wert ca: 48.000 DM (© Auktionshaus Dr. Fischer, Heilbronn)

Frontispiz: Kratervase, Meissen um 1860, Entwurf: E.A. Leuteritz. Wert ca. 13.000 DM (© Auktionshaus Schloß Ahlden)

Die deutsche Bibliothek - CIP-Einheitsaufnahme
Ein Titeldatensatz für diese Publikation ist bei der Deutschen Bibliothek erhältlich.

Konzeption und Produktion: Medienagentur Drews GmbH, Augsburg
Umschlaggestaltung: Steinkaemper/ Lohmann-Kommunikation, Wörthsee
Layout: Armin Tichacek, München
DTP-Satz: Cicero Lasersatz-GmbH & Co.KG, Dinkelscherben
Druck und Bindung: Offizin Andersen Nexö, Leipzig

BATTENBERG VERLAG 2000
© Weltbild Ratgeber Verlage GmbH und Co.KG, München

ISBN 3-89441-454-5

Inhaltsverzeichnis

Vorwort

In den letzten Jahren ließen sich zwei unterschiedliche und auf den ersten Blick unvereinbare Entwicklungen auf dem Kunstmarkt beobachten. Da sind zum einen Kunstwerke, die auf Auktionen bei Sotheby's oder Christie's Millionenpreise erzielen, die einen Laien ganz schwindelig machen. So geschehen zum Beispiel 1998, als bei Christie's in London van Goghs »Portrait de l'artiste sans barbe« für 42,8 Millionen Pfund (umgerechnet etwa 124,1 Millionen DM) den Besitzer wechselte. Preise wie dieser erwecken bei vielen Menschen das Gefühl, der Kunstmarkt sei völlig abgehoben und die Welt der Kunst verschließe sich dem Normalbürger immer mehr. Zum anderen sind da aber auch die vielen Auktionshäuser und kleinen Antiquitätenläden, die in den letzten Jahren in vielen deutschen Städten und auf dem Lande eröffnet wurden. Offensichtlich scheinen schöne alte Dinge also doch auch für Normalbürger von Interesse – und vor allem auch erschwinglich – zu sein.

Diese Entwicklung hat ihren Ursprung in der Zeit nach dem Zweiten Weltkrieg, als eine ganz neue Käuferschicht auf den Kunstmarkt drängte. Der Wirtschaftsaufschwung ermöglichte einem weiten Spektrum von Menschen den Zugang zu diesem Markt. Warum nun aber ausgerechnet Kunst? Ein Grund hierfür ist sicherlich, dass Kunst und Antiquitäten eine optimale Möglichkeit zur Geldanlage bieten, sind sie doch weitgehend unabhängig von Konjunkturschwankungen und darüber hinaus auch noch steuerlich begünstigt und – im Gegensatz zu Immobilien – mobil. Außerdem bereiten sie Freude und bei vielen Leuten spielt wohl auch der Prestigegedanke eine nicht unwesentliche Rolle. Mit Sicherheit kann man so manchen Gast beeindrucken, wenn man ihm ganz nebenbei erzählt, dass er auf einem echten Biedermeier-Sofa sitzt.

Was muss ich beim Einstieg in den Kauf und Verkauf von Antiquitäten beachten?

Aus welchen Gründen auch immer Menschen Kunst und Antiquitäten kaufen, der Kunstmarkt ist von dieser Demokratisierung natürlich nicht unberührt geblieben. Unmittelbare Folge der erhöhten Nachfrage nach Antiquitäten ist ein stetiger Preisaufschwung in allen Bereichen des Kunstmarktes, der sich immer weiter fortsetzt und dessen Auswüchse sich in den eingangs erwähnten Millionenpreisen zeigen. Dass außerdem immer mehr Menschen mit Kunst ihr Geld machen wollen, ließ den Kunstmarkt immer unübersichtlicher werden. Das liegt sicher auch an den unterschiedlichen Handelsformen: Der klassische Kunst- und Antiquitätenhandel buhlt mit den Kunstauktionen um die Gunst der Kunden. Dazu kommen noch Kunst- und Antiquitätenmessen sowie die zahllosen Antikmärkte. Gerade bei Neulingen auf dem Kunstmarkt lässt diese Aufsplitterung schnell Unsicherheit entstehen, denn schließlich stehen hier oft nicht unerhebliche Geldbeträge auf dem Spiel. Weder Kunsthändler noch Kunstversteigerer sind geschützte Berufsbezeichnungen – deshalb ist beim Kauf von Kunst und Antiquitäten stets Vorsicht geboten.

Der Kunstmarkt ist auf den ersten Blick sehr unübersichtlich

Dieses Buch wendet sich an gerade diese Neulinge auf dem Kunstmarkt und will ihnen den Einstieg in diese Welt mit ihren Regeln und Gesetzen erleichtern. Neben einem Überblick über den Kunstmarkt erhalten Sie, liebe Leser und Leserinnen, Tipps zum Einkauf von Antiquitäten und Kunst und Adressen von renommierten Händlern und Auktionshäusern, bei denen Sie garantiert in guten Händen sind. Eines sei schon einmal vorweg gesagt: Meine Auswahl der Händler und Auktionshäuser stellt keine Wertung dar, ich habe lediglich auf erfahrene und bewährte Adressen aus verschiedenen Gebieten zurückgegriffen. Außerdem dürfen neben Informationen zu Kunstmessen und Sammlungen auch Meinungen von Fachleuten zur weiteren Entwicklung des Kunstmarktes nicht fehlen. Dabei gilt mein Dank insbesondere den Auktionshäusern und Antiquitätenhändlern, die mich durch ausführli-

8

Manche Leidenschaft beginnt mit einer ererbten Sammeltasse

ches Material in Wort und Bild bei der Erarbeitung dieses Buches unterstützt haben. Wenn Sie dieses Buch gelesen haben und sich wenigstens einige meiner Tipps zu Herzen nehmen, wird Ihre Unsicherheit bei Ihren ersten Schritten auf dem Kunstmarkt beseitigt sein und Sie können richtig in die Welt der Kunst eintauchen! Viel Spaß!

Birgit Adam

Der Kunstmarkt

Der Kunstmarkt – Was ist das eigentlich?

Der Kunstmarkt setzt sich aus einer Vielzahl von Einzelmärkten zusammen

Der Begriff »Kunstmarkt« verbindet zwei unterschiedliche Aspekte des modernen Lebens. Da ist einmal die Kunst, die Ästhetik, da ist aber auch der Markt, die Ökonomie. Auf diesem besonderen Markt wird also mit ästhetischen Objekten gehandelt. Wer sich allerdings als Neuling auf das Gebiet des Kunstmarktes begibt, wird schnell zu einer ernüchternden Feststellung kommen: *Den* Kunstmarkt an sich gibt es nicht. Er setzt sich vielmehr zusammen aus einer Vielzahl von Einzelmärkten, die es dem Laien zunehmend schwer machen, einen direkten Marktzugang zu finden. In den 70er Jahren begannen viele Sammelbereiche, eine Art nationales Eigenleben zu entwickeln – eine Tendenz, die in den 80er und 90er Jahren noch verstärkt wurde. Geprägt werden diese Einzelmärkte unter anderem von Modetrends. So erfuhr die zeitgenössische Kunst Anfang der 70er Jahre eine starke Aufwertung, ebenso der Grafikmarkt. Eine große Anzahl von Sondermärkten, wie zum Beispiel Rock-Memorabilia oder Filmrequisiten, entwickelte sich und sorgte zunehmend für Schlagzeilen.

Eine fragwürdige Tendenz des heutigen Kunstmarktes ist die zunehmende Auffassung von Kunst als Gebrauchswert. Viele Sammler, speziell in den USA, betrachten den Kunstmarkt ähnlich wie die Börse: Sie »schlagen zu«, wenn sie die Möglichkeit haben, einen Kunstgegenstand preiswert zu erstehen, und verkaufen ihn wieder, wenn sein Marktwert gestiegen ist. Nur wenige Sammler denken langfristig und widmen sich über Jahre und Jahrzehnte hinweg ein und demselben Sammelgebiet. Kein Wunder, dass sich diese Einstellung auch in den Preisen der Kunstwerke niederschlägt. In den 70er Jahren setzte ein Verlust des mittleren Preisniveaus ein: Die Medien berichteten lediglich über Millionen-preise, die bei Auktionen erzielt wurden, und für den Laien schien der Kunstmarkt plötzlich völlig abgehoben zu sein – ein realistisches Preisniveau schien nicht mehr zu existieren. Tatsächlich untersuchte die Londoner Zeitung *Financial Times* im Jahre 1989 die Marktentwicklung für Gemälde und Aquarelle seit 1975 und stellte fest, dass die Preise zwischen 1975 und 1988 um 480% gestiegen waren! Was jedoch viele Menschen in Anbetracht dieser Preisexplosion vergessen, ist, dass der Kunstmarkt nicht allein bei Sotheby's oder Christie's in London stattfindet, sondern neben Auktionen auch andere Möglichkeiten bestehen, Kunst zu kaufen und zu verkaufen. Ein nicht unwesentlicher Teil des Kunsthandels spielt sich in Galerien, auf Kunst- und Antiquitätenmessen oder bei Antiquitätenhändlern und privaten Kunstverkäufern ab. Die Dominanz der Hauptmärkte London, Paris und New York scheint gebrochen zu sein, was sich auch darin zeigt, dass renommierte Auktionshäuser mittlerweile Nationalauktionen durchführen, wie es zum Beispiel Sotheby's in München tut.

Der Kunstmarkt hat sich also in den letzten drei Jahrzehnten in eine Vielzahl von Einzelmärkten gespalten, die von eigenen Vorlieben und Gesetzmäßigkeiten geprägt werden. Bei allem Pluralismus zeigt er sich jedoch immer noch wertbewusst, und trotz der hohen Preise finden immer mehr Laien den Weg zur Kunst. Die Vergangenheit wird ganz bewusst als Teil der Gegenwart und der Zukunft gesehen, das Sammeln von Antiquitäten scheint daher nur natürlich. Während die Menschen noch zu Beginn des Jahrhunderts stolz waren, sich etwas Neues leisten zu können und alt häufig mit schäbig gleichsetzten, besinnen sich in der heutigen Konsum- und Wegwerfgesellschaft immer mehr Leute auf die bleibenden Werte alter Gegenstände. Traditionsbewusstsein mag dabei ebenso eine Rolle spielen wie Prestigebedürfnisse oder die Demonstration von Wohlstand und Reichtum, denn in gewissen Kreisen gehört der Besitz von Kunst oder Antiquitäten einfach zum guten Ton. Man denke nur an die all diejenigen, die zu jedem

Als Gegenbewegung zur Konsum- und Wegwerfgesellschaft werden die bleibenden Werte von Kunst und Antiquitäten mehr und mehr geschätzt

feierlichen Anlass das Familiensilber hervorholen und es stolz auf dem Tisch präsentieren. Zu guter Letzt leisten Antiquitäten auch noch einen Beitrag zum Umweltschutz. »Wie denn das?« werden Sie sich jetzt vielleicht fragen. Wer alte anstelle von neuen Gegenständen benutzt, »recycelt« diese sozusagen – so einfach ist das!

Was versteht man strenggenommen unter echten Antiquitäten?
Was versteht man nun aber genau unter Kunst und Antiquitäten? Der Kunstbegriff unterlag im Laufe der Zeit einem stetigen Wandel. Während man etwa bis zur Mitte des 19. Jahrhunderts Kunst noch als Nachahmung der Natur sah, sind heute diese klassischen Ideale von Harmonie und Schönheit längst überholt. Die Unterscheidung zwischen Kunst und Kitsch liegt in der Qualität eines Gegenstandes begründet, und diese wiederum wird durch eine Art stille Übereinkunft von Fachleuten, Künstlern und Käufern festgelegt. Auch der Begriff »Antiquität« ist nicht so einfach zu definieren: Gemeinhin betrachtet man einfach alles, was irgendwie alt ist, als Antiquität, doch wie alt muß nun ein Gegenstand genau sein, um wirklich als antik zu gelten? Der Bundesverband des Deutschen Kunst- und Antiquitätenhandels (BDKA) zieht hier eine deutliche Grenze. So sind auf der Deutschen Kunst- und Antiquitätenmesse in München nur Gegenstände aus der Zeit vor 1830 zugelassen, eine Ausnahme bilden Grafiken, Bücher und Gemälde (bis 1914) und Jugendstil. Ein Jugendstil-Glas aus dem Jahre 1908 gilt somit also als Antiquität, ein Glas aus dem Jahre 1850 dagegen nicht. Ganz schön paradox, oder? Viele Kunsthändler und -sammler greifen deshalb auf eine flexiblere Definition zurück. Im allgemeinen gilt ein Gegenstand als antik, wenn er älter als 100 Jahre ist, Ausnahmen bilden wiederum Objekte aus dem Jugendstil und dem Art déco.

Käufer von Kunst und Antiquitäten sind heute nicht mehr nur die »oberen Zehntausend«. Den größten Teil der Kunstkäufer bilden Angehörige von selbständigen und freien Berufen, dicht gefolgt von Angestellten. Ganz oben in der Interessenliste stehen dabei antike Möbel, gefolgt von Gemälden, Silber und Schmuck, Plastiken, Porzellan und Glas sowie Büchern und Grafiken.

Kleine Stilkunde

Wer seine ersten Schritte auf dem Kunstmarkt unternimmt, muss natürlich besonders darauf achten, nicht übers Ohr gehauen zu werden – insbesondere in Anbetracht der häufig nicht gerade niedrigen Summen, die hier auf dem Spiel stehen. Obwohl ich auf das Problem der Fälschungen und Expertisen später noch ausführlich eingehen werde, soll an dieser Stelle schon eines gesagt sein: Ein gewisses Grundwissen auf dem Gebiet der Kunstgeschichte ist unerlässlich. Deshalb soll am Anfang dieses Buches ein kleiner Überblick über wichtige Stilepochen der Kunst stehen.

Auch wenn Stilepochen und ihre Kennzeichen eigentlich zur Allgemeinbildung gehören sollten, kann man nicht immer damit rechnen, dass sie allen Menschen vertraut sind. Sie helfen dabei, Künstler in gewisse Epochen einzugliedern und Kunstwerke zu datieren. Findet man etwa auf dem Dachboden seiner Großmutter ein Möbelstück unbekannter Herkunft, so kann man dieses mit Hilfe äußerer Kennzeichen wie Form, Material oder bestimmter Verzierungen in einen gewissen zeitlichen Rahmen einordnen und so auch seinen Wert bestimmen. Natürlich ist der Rat eines Experten unverzichtbar, doch hilft es, selbst gewisse Grundkenntnisse über Stilepochen mitzubringen, damit die Enttäuschung nicht allzu groß ist, wenn sich die vermeintliche Barock-Kommode als Nachbau aus dem späten 19. Jahrhundert entpuppt. Kenntnisse über die einzelnen Epochen sind unentbehrlich. Doch weil gewisse Stilmerkmale in allen Epochen wiederkehren bzw. Objekte im alten Stil auch in späteren Zeiten gefertigt wurden, müssen auch Kenntnisse über die alten handwerklichen Techniken hinzukommen: Bei Möbeln die des Schreiner- und Tischlerhandwerks, z. B. zeittypische Bauformen, Spuren der verwendeten Werkzeuge und Konstruktionsprinzipien.

Mit Grundkenntnissen über die wichtigsten Stilmerkmale einer Epoche kann man bei allem Vorbehalt unbekannte Objekte grob taxieren

Reich gegliederter Fassadenschrank aus Süddeutschland um 1600. Zweigeschossig mit doppelter Säulenstellung. Wert ca. DM 48 000. Deutlich wird die Orientierung an architektonischen Formen, hier an der Fassade eines Palastes.

Renaissance (1400 bis 1600)

Der französische Begriff »Renaissance« bedeutet »Wiedergeburt«, gemeint ist hier die Wiedergeburt der Kunst aus dem Geist der Antike heraus. Erstmals orientierte sich die Kunst wieder am Naturvorbild, doch war keineswegs eine möglichst getreue Wiedergabe der Natur das Ziel, vielmehr sollte eine vollkommene und idealisierte Form der Natur verkörpert werden. Die Renaissance bildet einen Einschnitt zwischen Mittelalter und Neuzeit: Im Mittelpunkt des Weltbildes steht nun nicht länger Gott, sondern der Mensch – eine Entwicklung, die sich in allen kulturellen Bereichen widerspiegelt. Statt auf religiöse Motive und Symbole stützt sich die Kunst nun zunehmend auf Naturbeobachtungen und Wissenschaften wie Anatomie oder Mechanik. Von Florenz als Ausgangspunkt verlagerte sich das künstlerische Zentrum der Renaissance um 1500 nach Rom und etwa um diese Zeit begann die neue Kunstrichtung auch nördlich der Alpen Fuß zu fassen, vor allem in Südwestdeutschland und Flandern.

Beschnitzte Prunktruhe auf zweischübigem Sockel mit Wappen. Dieses Möbel gehört stilistisch noch der Renaissance an, die sich gerade anschickte, erste frühbarocke Schnitzelemente in sich aufzunehmen. Nußbaum. Länge 180 cm, Höhe 90 cm, Tiefe 70 cm. Basel 1604, Wert ca. DM 28 000.

Die Kunst der Renaissance lässt sich als realistisch, schwer und massig beschreiben. In der Architektur trat die Zentralperspektive ihren Siegeszug an, und der menschliche Körper bildete den Maßstab in der Baukunst.

Auch der Malerei verlieh die Zentralperspektive einen verstärkten Eindruck der Räumlichkeit. Eine enge Verbindung von Landschaft und Figuren sowie zunehmender Farbrealismus schufen Harmonie.

Bei den Skulpturen – wie zum Beispiel bei den Statuen von Donatello – begann nun der Körper hervorzutreten, nicht länger bestimmte das Gewand den Ausdruck.

Bei den Möbeln waren in der Renaissance Pfosten- und Himmelbetten populär. In Deutschland, wo die spätgotischen Formen erst etwa um 1550 abgelöst wurden, fanden sich Schubladenkredenz, Anrichte, Fassadenschränke ein, die ihr fassadenähnliches Aussehen durch Säulen und Pilaster an der Vorderseite erhielten. Und aus der Antike bekannte Ornamente wie Akanthus (Bärenklau) und Arabesken wurden wiederentdeckt.

Barock (Ende des 16. Jahrhunderts bis etwa 1730)

Der Begriff »Barock« stammt vom portugiesischen »barocco«, also unregelmäßig. Diese Kunstrichtung entstand gegen Ende des 16. Jahrhunderts in Italien und entwickelte bestimmte Stilelemente der Renaissance weiter. Wesentliche Einflüsse auf die Barockkunst waren die Gegenreformation und der Absolutismus. So prägte sich diese Kunstrichtung besonders in katholischen Gebieten aus, und es finden sich grundlegende Unterschiede in feudaler und bürgerlicher Kunst. Gemeinsam ist diesen jedoch die Betonung der Bewegung und des Feldes von Kraft und Spannung. Licht und Schatten bilden mit ihren Kontrasten ein wechselvolles Spiel. Häufig verschmelzen auch einzelne Kunstrichtungen wie Architektur, Malerei und Plastik, um den Eindruck eines Gesamtkunstwerkes zu erzeugen. Von ihren Kritikern häufig als »bombastisch« oder »überladen« bezeichnet, lässt sich die Kunst des Barock neutral mit Worten wie »wuchtig« oder »prunkvoll« beschreiben.

Barockkommode mit drei wellenförmig geschweiften Schubladen. Allseitig mit Nussbaum furniert und Füllungen aus Wurzelholzfurnier.
Wert ca. 20000 DM.
Furnieren nennt man das Aufleimen dünner Edelholzplatten auf Blindholz.
Die Erfindung der Furniermühle im 16. Jahrhundert, mit der es erstmals gelang Holz in solche feinen Stärken zu schneiden war die Voraussetzung für diese Technik.

Die Architektur ist sehr stark von der Tendenz zur Repräsentation geprägt. Das Schloss Versailles fungierte dabei als Vorbild für zahlreiche Fürstenschlösser in ganz Europa.

Die Barockmalerei weist von Anfang an zwei unterschiedliche Ausprägungen auf. Zum einen favorisierten die Brüder Annibale und Agostini Carraci ein antikisierendes Figurenideal und eine klare reliefartige Raumgestaltung, zum anderen begründete Caravaggio eine Stilrichtung, die auf Naturbeobachtung aufbaute und durch Kontraste in Bewegung und Farbe sowie durch eine ekstatische Übersteigerung gekennzeichnet war.

Bei den Skulpturen – wie zum Beispiel bei Lorenzo Bernini – zeigt sich ebenfalls eine starke Betonung von Bewegung und Gefühl.

Barockmöbel schließlich wurden häufig als Schaustücke konzipiert und in Italien sogar häufig von Bildhauern, nicht von Tischlern geschaffen. Zahlreiche Verzierungen schmückten die Möbelstücke, Tischbeine wurden als gewundene Säulen gedrechselt.

Rokoko (1730 bis 1770/80)

Der Begriff »Rokoko« leitet sich von der französischen Ornamentform »Rocaille«, einem muschelförmigen Gebilde ab, das in der Spätphase des Barock zunehmend als Verzierung an Decken, Wänden und Möbeln zu finden war. Heimisch wurde der Rokoko vor allem in Frankreich (dort auch Louis quinze genannt) und Deutschland. Grundlegendes Prinzip dieser Stilepoche war die Asymmetrie; die Schwere und Wuchtigkeit des Barocks wurden von einer Leichtigkeit und einer Tendenz zu kapriziösen Kleinteilen abgelöst. Verspielt, liebenswürdig, elegant und zierlich sind die Attribute des Rokoko.

In der Architektur zeigte sich dies in der Verbindung von klassischen Normen mit einer schöpferischen frei schwingenden Gestaltung der Wände. François de Cuvilliés der Ältere prägte den ganz speziellen bayerischen Rokoko mit Bauten wie zum Beispiel der Amalienburg im Park des Schlosses Nymphenburg.

Kleine Kommode, beschnitzt mit Rocaillen, Blättern und Zierfries, Reliefschnitzereien in zwei Goldtönen. Rechteckiger Korpus mit geschweift ausgeschnittener Zarge, massive Platte aus Marmor. Hartholz, beschnitzt und polychrom gefaßt. Höhe 84 cm, Breite 77 cm, Tiefe 60 cm. München, um 1740/50. Wert ca. 30 000 DM.

In der Malerei herrschten häuslich-familiäre Themen vor oder erotische Sujets. Gerne verwendet wurden Pastellfarben.

Einen wahren Aufschwung erlebte das Kunsthandwerk: Porzellanmanufakturen schossen aus dem Boden und neue zierliche und jaldute Möbelformen wurden entwickelt. Spieltische, Damensekretäre, bequeme Fauteuils und Chaiselongues entstanden während dieser Epoche.

Das Kunstschaffen im Rokoko war durch gestalterische Phantasie und Freude am Exotischen geprägt. Das zeigt sich auch am Interesse an Chinoiserien. Rokokomöbel sind häufig mit reichem Beschläg versehen, ihre Marketerien zeigen Bandelwerk und Ranken, Rocaillen, Blumenmuster und Embleme.

Klassizismus (1760 bis 1830)

Der Klassizismus griff auf die klassische Kunst der Antike zurück und passte deren Muster und Regeln der damaligen Zeit an. Diese Kunstrichtung wandte sich explizit gegen Barock und Rokoko und setzte sich zum Ziel, die Ideale des aufstrebenden Bürgertums zum Ausdruck zu bringen. Klar und maßvoll setzte der Klassizismus der barocken Asymmetrie eine strenge Symmetrie entgegen, Kurven und Schwingungen mussten rechten Winkeln und Dreiecksformen weichen.

In der Architektur herrschten nun Maßverhältnisse vor, die rechnerisch nachprüfbar waren. Antike Tempel mit ihren Säulen, Giebeln und Friesen dienten als Vorbilder in der Baukunst.

In der Malerei spiegelte sich die Rückbesinnung auf die Antike in der Wahl der Motive wider. Auch wurden lineare Formen sowie kühle Farben verwendet.

Skulpturen wurden bevorzugt aus weißem Marmor geschaffen – allerdings lag dieser Wahl des Materials ein Irrtum zugrunde: Man wusste damals nämlich noch nicht, dass griechische Statuen ursprünglich farbig waren!

Eine besondere Variante des Klassizismus ist der Empire-Stil (1800 – 1830). Er bezeichnet den Stil zur Regierungszeit Napoleons I. Auch hier finden sich antike Motive und Ornamente, wie zum Beispiel antike Vasen oder Lorbeerkränze. Möbel dieser Epoche zeichnen sich dadurch aus, dass bei Schränken, Kommoden oder Betten der Sockel unmittelbar mit dem Boden abschließt. Bevorzugtes Holz war Mahagoni, das mit vergoldeten Beschlägen versehen wurde.

Sekretär und Stuhl im
Empire-Stil, mitteldeutsch
um 1820.
Wert des Sekretärs über
50 000 DM, des Stuhls
ca. 6000 DM.
Der Sekretär ist aus Nussbaum und mit Tusch-
malereien verziert.

Teetisch und Satz von vier Stühlen aus Esche massiv. Süddeutsch um 1825. Mit Fadenintarsien. Der Tisch hat einen Wert von ca. 7000 DM, der Satz Stühle von zusammen ca. 12000 DM.

Biedermeier (1815 bis 1848)

Der Begriff »Biedermeier« wurde in den 50er Jahren des letzten Jahrhunderts geprägt, wo er als satirische Bezeichnung für die bürgerliche Lebensweise verwendet wurde. Beheimatet war dieser Stil vor allem in Deutschland und Österreich.

In der Malerei wurden besinnliche Themen aus dem Alltag und dem Familienleben des Bürgertums aufgegriffen, die sachlich genau, teilweise auch mit Humor wiedergegeben wurden.

Biedermeier-Möbel sind zweckmäßig, solide und schlicht. Großen Wert legte man auf gutes Material – Mahagoni, Birke und Kirsche waren sehr beliebt. Die Stoffe waren häufig mit Blümchen und klaren Streifen gemustert oder unifarben.

So populär er im Alltagsleben war, blieb der Biedermeier-Stil dennoch auf Malerei und Wohnkultur beschränkt – in der Architektur und der Skulptur brachte er nichts eigenes hervor.

Die Entwicklung des elektrischen Lichts brachte den Designern ein völlig neues Betätigungsfeld.
Die Lampen links und Mitte stammen von Daum Frères, die Rechte von Emile Gallé. Wert ca. 20 000 DM pro Lampe im unversehrten Zustand.

Jugendstil (1890 bis 1910)

Der Historismus wurde abgelöst von einer neuen Stilrichtung, die in Frankreich »Art nouveau«, in Großbritannien »Modern Style«, in Österreich »Sezessionsstil« und in Deutschland »Jugendstil« genannt wurde. Nach einer Zeit, in der man Stilformen früherer Epochen, der Renaissance, der Gotik und des Barock kopierte, des sogenannten Historismus, setzte man sich für eine neue Kunstform ein, die sich explizit gegen den eklektischen Zeitgeschmack wendete und deren Ziel die Einheit aller Künste war. So sollte die Formensprache alle Bereiche der Kunst mit einschließen und in einen neuen Zusammenhang bringen. Weiche, fließende Linien, asymmetrische, pflanzliche oder tierische Ornamente und verspielte Details kennzeichnen den Jugendstil. Vor allem bei Möbeln und Inneneinrichtung, aber auch in der Architektur konnte sich diese Kunstform durchsetzten. Großes Augenmerk wurde dabei auch auf die Funktionalität des Möbelstücks bzw. Gebrauchsgegenstandes gelegt.

Dieser Tisch aus verchrom-
tem Stahlgestell hat eine
Platte aus opakem, dickem
Bauglas. Er wurde von
Donald Deskey um 1928
in New York entworfen.
Wert ca. 16 000 DM.

Art déco (1920 bis 1940)

Der Begriff »Art déco« ist die Kurzform des französischen »Art dé-
coratif« und bedeutet »dekorative Kunst«. Mit dieser Stilform hiel-
ten Ingenieure und Maschinen Einzug in die Kunstwelt – strenge
Dekorationsformen und serielle Fertigung waren die Folgen. Harte
Formen, schnörkelfreie Linien, Quadrate, Kugeln und Zylinder waren häufig verwendete Gestaltungsmittel. Oftmals wurden auch
kostbare Materialien wie Bronze, Ebenholz oder Lack verwendet.
Neben dem Jugendstil übten Kubismus, Futurismus und die alt-
ägyptische Kunst Einfluss auf die Zeit des Art déco aus. Durchsetzen konnte sich dieser Stil vor allem auf dem Gebiet des Kunsthandwerks.

Teilbereiche des Kunstmarktes

Nach diesem kurzen Überblick über die einzelnen Stilrichtungen ist es nun an der Zeit, sich die Teilbereiche des Kunstmarktes näher anzusehen.

Ist von Millionenpreisen die Rede, die wieder einmal bei einer Auktion erzielt wurden, so handelt es sich dabei zumeist um Gemälde. Bei den bedeutenden **Gemälde**
Malern bieten hier in der Regel sowieso nur noch Museen und Sammler aus der Hochfinanz gegeneinander.

Speziell bei den Altmeistern sind die wichtigsten Werke in Museen zu finden, wo sie der Öffentlichkeit zwar zugänglich gemacht, jedoch nicht mehr weiterverkauft werden. In den 80er Jahren waren auf dem Altmeistermarkt drei Tendenzen zu beobachten: Stilleben erfuhren einen Aufschwung, ebenso wurde die italienische und französische Malerei aufgewertet. Gleichzeitig beklagten sich Kunsthistoriker und Kunsthändler über die mangelnde Bereitschaft vieler Sammler, sich mit Bildern auseinanderzusetzen, die zwar thematisch anspruchsvoll, häufig sogar schwierig sind, aber dennoch große kunsthistorische Bedeutung haben. In einer Zeit, in der Kunst zunehmend zum Gebrauchswert geworden ist, bringt leider nicht mehr jeder Kunstinteressierte das nötige Verständnis und den Willen mit, sich auf ein Gemälde einzulassen. Zur Veranschaulichung der Preisexplosion auf dem Altmeistermarkt: Bei einer Auktion bei Sotheby's in London im Dezember 1976 erbrachte das Gemälde »Blick auf Whitehall und Westminster Bridge« von Canaletto 110 000 Pfund (damals DM 506 000) – dreizehn Jahre später, im November 1989, wurde es bei Christie's in

Preisexplosion auf dem Altmeistermarkt

London für DM 1,32 Millionen Pfund (DM 3,66 Millionen) versteigert.

Bei den Gemälden des 19. Jahrhunderts ist der Markt besonders stark von nationalen Vorlieben und Bewegungen geprägt. Neben großen internationalen Leitfiguren wie Théodore Géricault, William Turner oder Caspar David Friedrich hat hier beinahe jedes Land seine eigenen Favoriten. So ist die anhaltende Beliebtheit von Carl Spitzweg in Deutschland sicher auch darauf zurückzuführen, dass seine humorvollen bürgerlichen Genrebilder hier am besten verstanden und gewürdigt werden können. Ein Preisbeispiel: Im Juni 1975 wurde Spitzwegs »Serenade« bei Lempertz in Köln für DM 209 000 brutto versteigert, vierzehn Jahre später erbrachte das Bild bei Neumeister in München DM 1,16 Millionen brutto. Österreich hat mit Ferdinand Georg Waldmüller zwar eine internationale Repräsentationsfigur aufzuweisen, doch erzielen Bilder anderer österreichischer Maler nur im Land selbst Höchstpreise. Ähnliches gilt für die Schweiz und Italien. In den Londoner Auktionen hat die viktorianische Malerei – zum Beispiel von William Turner oder John Brett – in den 80er Jahren einen Siegeszug angetreten. Speziell bei Gemälden des 19. Jahrhunderts setzt sich der Markt also aus einer Vielzahl autonomer Einzelmärkte zusammen.

Spitzenpreise für die Meister der klassischen Moderne

Anders sieht es bei den Impressionisten und den Malern der Moderne aus. Hier gibt es mit van Gogh, Picasso, Renoir und Monet eindeutige Marktführer, die international begehrt sind und immer wieder Höchstpreise erzielen. Zur Verdeutlichung: Im Mai 1952 wurde das Gemälde »Jeune Fille au Chapeau garni de Fleurs« von Renoir von der Galerie Charpentier in Paris für umgerechnet 298 000 DM versteigert, im Mai 1989 war erzielte dasselbe Bild bei Sotheby's in New York umgerechnet DM 26,3 Millionen! War auf diesem Gebiet noch bis etwa Ende der 70er Jahre London das Marktzentrum, so hat sich ab 1980 das Geschehen nach New York verlagert. Gleichzeitig erfuhr die Malerei der Fauves, besonders die von André Derain, eine Aufwertung. Gegen Ende der 80er Jahre setzte in den New Yorker Galerien ein großer Ansturm auf zeit-

genössische Kunst, so zum Beispiel auf Werke von Julian Schnabel, Jean-Michel Basquiat, Robert Ryman, Jackson Pollock, Willem de Kooning und Andy Warhol, ein. So wurde im November 1989 Willem de Koonings »Interchange« bei Sotheby's in New York für umgerechnet DM 38,3 Millionen an einen japanischen Händler verkauft. Unangefochtener Spitzenreiter auf dem Gebiet der zeitgenössischen Kunst ist jedoch der Brite Francis Bacon, der zu den herausragenden Künstlern des 20. Jahrhunderts gehört.

Mark Brandenburg, Karte aus dem »Atlas major« von Willem Janszoon Blaen, Amsterdam 1663

Der Grafikmarkt teilt sich in zwei große Bereiche auf: dekorative Grafik (Landkarten; Stadtansichten, Druckgrafik) und Künstlergrafik. Auf dem Gebiet der Künstlergrafik konnten in den 80er Jahren erstaunliche Marktsiege erzielt werden. Zählten bis dahin nur die großen Namen wie Dürer, Rembrandt – die beide noch zusätzlich aufgewertet wurden –, Goya und Ostade, so rückten nun auch die übrigen niederländischen Grafiker, besonders die Manieristen, sowie die Italiener in den Mittelpunkt des Interesses. Ebenso stieg der Marktwert zeit-

Grafiken

genössischer Grafik, wie sie zum Beispiel Andy Warhol oder David Hockney fertigten.

Nimmt man den Grafikmarkt genauer unter die Lupe, so fällt auf, dass dieser fast ausschließlich vom Handel beherrscht wird. Um so wichtiger ist es für einen Laien, sich genau über den Händler bzw. die angebotene Grafik zu informieren. Dabei sind Angaben wie Numerierung, Signierung oder Datierung nicht immer zuverlässige Indizien. Bevor Sie ein vermeintliches Schnäppchen auf dem Grafikmarkt machen, sollten Sie vier Dinge überprüfen:

- ✔ die Bedeutung des Künstlers
- ✔ den Druckzustand der Grafik
- ✔ das Vorkommen des Blattes
- ✔ die Qualität bzw. den Erhaltungszustand der Grafik.

Qualitäts-kriterien für Grafik

Wie bei allen anderen Teilbereichen des Kunstmarktes gilt auch für den Grafikmarkt: Je besser Sie sich auf Ihrem Gebiet auskennen, um so schwerer wird man Sie übervorteilen können.

Möbel nehmen auf dem Kunstmarkt eine Art Sonderstellung ein, handelt es sich bei ihnen doch zugleich um Kunst- und Gebrauchsgegenstände. Auch hier zeigt sich **Möbel** eine starke Tendenz zu nationalen Einzelmärkten mit eigenen Vorlieben und Gesetzmäßigkeiten. War der Markt für deutsche Möbel bis etwa Ende der 70er Jahre noch rein von Händlern bestimmt, nahm in den letzten beiden Jahrzehnten auch das Interesse der Privatpersonen zu. Wichtig sind dabei vor allem Stücke aus der Neuwieder Werkstatt von Abraham und David Roentgen im 18. Jahrhundert. Die radikalste Aufwertung erfuhren in jüngster Zeit amerikanische Möbel aus den frühen Stadtzentren wie Boston, New York, Baltimore oder Philadelphia.

Trends auf dem Möbelmarkt

Wenn Sie alte Möbel kaufen möchten, so sollten Sie vor allem auf die Qualität achten, denn nur so können Sie ein Original von einer Fälschung, die unter Zuhilfenahme moderner Werkzeuge gefertigt wurde, unterscheiden.

Amphorenvase mit Greifen-
kopf-Henkeln, Berlin um
1860. Sockel, Fuß, Hals
und Lippenrand sind blank-
vergoldet. Die Schauseite
zeigt die Ansicht des Kron-
prinzenpalais unter den
Linden. Die Vase wurde
1995 bei Lempertz in Köln
versteigert.

TEILBEREICHE DES KUNSTMARKTES

Platte aus Frankenthal um 1760. Reliefierter Korb-flechtrand (»Alt-Ozier«), im Spiegel fein gemalte Flusslandschaft mit Geländen und Staffage-figuren auf reich mit Blumen geschmückter Rocaille-Konsole. Durch-messer 37 cm. Die Platte wurde 1992 bei Lampertz versteigert.

Keramik und Porzellan

Der Keramik- und Porzellanmarkt ist sehr spezialisiert und fest in der Hand von nur sieben Händlern. Die besten Einkaufsquellen sind hier die Auktionshäuser, ganz vorne natürlich die großen Londoner Auktionshäuser, aber auch die National-auktionen von Sotheby's und Christie's in Genf sowie das Auktionshaus Lempertz in Köln können sich sehen lassen. Privatpersonen, die sich für Porzellan interessieren, lassen sich in zwei Gruppen einteilen: Zum einen sind da die Sammler, die auf der Suche nach Porzellan aus einer bestimmten Manufaktur oder speziellen Figuren sind, zum anderen gibt es die Ästheten, die ein dekoratives Schmuckstück für ihre Wohnung erstehen wollen.

Glas

Der Glasmarkt ist in den letzten Jahren relativ konstant geblieben, die Preise schnellten nicht rasant in die Höhe. Weltbedeutung hat vor allem die Glaskunst der Jugendstilkünstler Daum, Gallé und Tiffany. Für Privatpersonen gilt: Vorsicht bei Einkäufen auf Floh- und Trödelmärkten! Hier sind oftmals nur Imitationen zu finden.

Wertvoller Deckelpokal aus dem 19. Jahrhundert. Das grüne Glas ist mit den Wappen berühmter adliger Geschlechter in opaker Emailmalerei verziert und wird dem Maler Anton Ambros Egermann in Haida zugeschrieben. Der Pokal kam bei Fischer, Heilbronn, für fast 50 000 DM zur Versteigerung.

*Silberner sitzender
Bodhisattva
Manjusri aus Tibet.
Wert ca. 3500 DM.
(Auktionshaus
Michael Zeller,
Lindau 1999)*

Antiken und außereuropäische Kunst

Speziell der Markt für Antiken und Fundstücke aus Ausgrabungen ist im Vergleich zu den anderen Teilbereichen des Kunstmarktes in den letzten Jahrzehnten zurückgeblieben. Nach wie vor finden die wichtigsten Auktionen hier in London und New York statt, doch auch in der Schweiz spielt sich ein bedeutender Teil des Handels ab. In den 80er Jahre erwachte vor allem das Interesse an Marmorskulpturen aus der kykladischen Kultur, die etwa aus der Zeit um 2500 v. Chr. stammen.

Zur Basis fernöstlicher und außereuropäischer Kunst hat sich seit Ende der 70er Jahre London entwickelt.

Fälschungen und Expertisen

Betrachtet man die Summen, die auf dem Kunstmarkt umgesetzt werden, so ist es kein Wunder, dass immer wieder Betrüger angelockt werden, die mit Fälschungen ihr Geschäft machen. Die Geschichte der Kunstfälschungen ist so alt wie die Kunst selbst: Bereits im antiken Rom fälschten Künstler griechische Kunstwerke. Heute wird auf dem Kunstmarkt so viel gefälscht wie noch nie zuvor – allerdings werden die Methoden zum Erkennen von Fälschungen ebenfalls stets verfeinert. Vor allem die Kunst des Impressionismus und der Moderne wird besonders häufig gefälscht. Bei den deutschen Künstlern liegen Max Liebermann und Emil Nolde an der Spitze der Fälschungen. Nicht einmal mehr auf Auktionshäuser kann man sich heutzutage absolut verlassen, denn häufig recherchieren diese nicht genug und werden so zu Abnehmern von Fälschungen. Im Oktober 1998 stand zum Beispiel in London ein Professor vor Gericht, der von einem verarmten Maler u. a. »Werke« von Marc Chagall und Le Corbusier anfertigen ließ und diese über Londoner Auktionshäuser und Galerien verkaufte.

Wie können Sie sich nun aber vor den Tricks der Fälscher schützen? Zu allererst gilt: Ein solides Wissen über den Kunstmarkt und ein gründliches Begutachten eines Objektes vor dem Kauf sind unerlässlich, will man nicht einer Fälschung aufsitzen. Wer Kunstwerke kauft, ohne auch nur die geringste Ahnung von Kunst zu haben, fordert den Betrug geradezu heraus. Je mehr fundierte Informationen Sie über ein Gemälde bekommen können, desto sicherer können Sie sich über seine Echtheit sein.

Checkliste für den Gemäldekauf

- ✔ der Name des Künstlers
- ✔ der Titel des Werks
- ✔ Material und Technik
- ✔ Entstehungszeit
- ✔ Herkunft bzw. Vorbesitzer des Werks (in der Fachsprache: Provenienz)
- ✔ Erwähnung in der Literatur, Ausstellungen

Möbel – insbesondere Weichholzmöbel im Bauernstil –, Grafiken und Antiquitäten werden ebenfalls gerne gefälscht. Generell gilt: Wer Zweifel an der Echtheit eines Kunstgegenstandes hat, sollte einen Experten hinzuziehen. Dazu ein Literaturtip: Original und Fälschung von Martin Marquard. Battenberg Verlag 1998. Bei Gemälden lassen sich heute mit speziell entwickelten naturwissenschaftlichen Methoden Alter und Zusammensetzung der Materialien genau feststellen. So beraten Wissenschaftler Museen bei wichtigen Einkäufen. Auch als Privatperson kann man jederzeit Museen oder Fachleute um Hilfe angehen.

Häufig werden Kunstgegenstände auch mit Expertisen oder Echtheitszertifikaten zum Kauf angeboten. Dieser Brauch hat sich vor etwa 100 Jahren eingebürgert, als amerikanische Großsammler auf den Markt drängten, deren Kunstkenntnisse oftmals nicht ausreichten, um sich selbst ein Urteil zu bilden, die aber dennoch eine gewisse Sicherheit haben wollten. Ein wissenschaftliches Urteil wird hier mit finanzieller Sicherheit gleichgesetzt, dabei wird häufig jedoch nicht auf die Herkunft der Expertise geachtet. Vor allem in Deutschland haben Kunstkäufer eine fast blinde Autoritätshörigkeit entwickelt – alles, was irgendwie bestätigt ist, gilt als echt. Das Geschäft mit Expertisen ist mittlerweile zu einem eigenen Gewerbezweig geworden. Dabei gibt es viele selbst ernannte Kunstexperten, die gegen eine bestimmten Geldbetrag fast alles bestätigen würden. Besonders bei Gutachten, die lediglich anhand von Fotos erstellt wurden, ist Vorsicht geboten. Es ist unmöglich, ein Urteil über ein Werk zu fällen, das man nicht mit eigenen Augen gesehen hat! Am besten ist also der Gang zu einem vereidigten Gutachter. Bringt man dazu noch selbst einiges Wissen mit, so wird man Fälschern nicht mehr allzu leicht auf den Leim gehen. Bleibt zu bemerken: Schuld an den Kunstfälschungen haben nie die Fälscher allein, sondern immer auch der Kunstmarkt, der solche Fälschungen zulässt: Mit anderen Worten: Es gibt immer genug arglose Menschen, die sich bereitwillig täuschen lassen!

Die Qualität von Expertisen und Echtheitszertifikaten ist häufig angreifbar!

Der Antiquitätenkauf

Ist das Interesse an Kunst und Antiquitäten erst einmal erwacht, wird man sich bald nicht mehr mit Büchern und Museen begnügen wollen, sondern die geschätzten Stücke auch selbst erstehen und besitzen wollen. Um Antiquitäten zu erwerben, stehen Privatpersonen grundsätzlich zwei große Möglichkeiten offen: Auktionshäuser und Antiquitäteneinzelhändler bzw. Galerien. Bevor Sie sich jedoch voller Kauflust auf den Kunstmarkt stürzen, sollten Sie sich bewusst werden, dass der Kunstmarkt kein Kaufhaus ist, in dem man auf die Schnelle etwas ersteht und es bei Nichtgefallen ebenso schnell wieder umtauschen kann. Wie ich schon erwähnt habe, war der Kunstmarkt immer ein sehr diskretes Geschäft: Früher wurden die Preise für bestimmte Objekte sozusagen im stillen Kämmerlein unter Ausschluss der Öffentlichkeit ausgehandelt, heute setzt man jedoch auf Markttransparenz und jedermann kann sich über Auktionsergebnisse und Kunstpreise informieren. Allerdings werden Sie bei Ihren Ausflügen auf den Kunstmarkt bemerken, dass es nach wie vor Händler vom alten Schlag gibt!

Was muß ich beim Einstieg in den Kauf und Verkauf von Antiquitäten beachten?

Wie im vorhergehenden Kapitel schon angedeutet, können Sie auf dem Kunstmarkt vor Fehlkäufen und Enttäuschungen nie hundertprozentig sicher sein. Dass es aber zu wiederholten Fehlentscheidungen und somit zu einer ganzen Reihe von Misserfolgen mit erheblichen finanziellen Einbußen kommt, lässt sich schon durch das Befolgen einiger weniger Regeln weitestgehend vermeiden. Denn Menschen, die sich auf ihrem Gebiet auskennen, werden nicht so leicht getäuscht. Als Faustregel gilt: **Eine Antiquität muß mindestens 100 Jahre alt sein.** Entscheidend sind außerdem ihre historische Stimmigkeit und ihre künstlerisch-handwerkliche Qualität. Deshalb habe ich hier zehn goldene Regeln für das Sammeln sowie für den Kauf und Verkauf von Kunst und Antiquitäten zusammengestellt, die Ihnen helfen werden, auf dem Kunstmarkt den Überblick zu behalten.

1. Halten Sie Ihre Sammelwut in Grenzen!

Es bringt nichts, wenn Sie Ihre ganze Freizeit auf Auktionen und in Antiquitätenläden verbringen und eine Masse von Gegenständen aufkaufen, die lediglich eines gemeinsam haben: sie sind alle irgendwie alt. Auf diese Weise erhalten Sie zwar eine Menge verschiedener und bestimmt auch schöner Dinge, doch macht ein Sammelsurium noch lange keine Sammlung. Legen Sie sich deshalb auf ein bestimmtes Sammelgebiet fest – ja, vielleicht sogar auch nur auf einen bestimmten Bereich innerhalb eines Gebietes. Informieren Sie sich, was Sammler überhaupt sammeln. Porzellanfreunde legen sich zum Beispiel häufig nur auf die Produkte einer einzelnen Manufaktur fest, Münzsammler beschränken ihre Sammelleidenschaft auf ein Land oder auf eine bestimmte Epoche. Nur wer sein Sammelgebiet exakt abgrenzt, kann sich genaue Ziele stecken und festlegen, welche Kunstgegenstände er erwerben und wonach er suchen will.

Maßgeblich für diese Entscheidungen sollten stets die persönlichen finanziellen und zeitlichen Voraussetzungen sein. Sie sollten sich genau überlegen, wieviel Zeit und Geld Sie in Ihr Sammelgebiet investieren wollen. Es ist verständlich, dass beispielsweise die Kunst der australischen Ureinwohner hierzulande nicht so einfach zu beschaffen ist wie Biedermeiermöbel. Wenn

Eine Sammlung von wertvollen Tassen kann in der Beschränkung auf eine Stilepoche oder Manufaktur bestehen.

Sie sich also für ein eher exotisches Sammelgebiet entscheiden, müssen Sie damit rechnen, erheblich mehr Zeit zu investieren. Ebenso wichtig sind natürlich Ihre finanziellen Verhältnisse. Diese sollten Sie bei aller Leidenschaft nie aus den Augen verlieren, denn das Vergnügen an Kunst und Antiquitäten wird schnell geschmälert, wenn deren Anschaffung nur unter Verschuldung möglich ist. Wesentlich bei der Wahl eines Sammelgebietes ist natürlich auch die emotionale Komponente. Wer Porzellanfiguren einfach nur kitschig findet, wird einer Sammlung kaum Freude abgewinnen können. Hierin liegt der große Unterschied zwischen dem Kunstliebhaber und dem Kunstinvestor. Beim Kunstliebhaber steht die emotionale Beziehung zum Kunstwerk im Vordergrund – er begeistert sich für sein Sammelgebiet, verschlingt sämtliche Fachliteratur, bewundert die Ästhetik des Werks, den Stil eines Künstlers usw. Nur schwer wird er sich von einem einmal erworbenen Gegenstand wieder trennen wollen. Ein Kunstliebhaber bringt also immer eine persönliche Beziehung zu Bildern, Epochen oder Sammelobjekten mit – die beste natürliche Voraussetzung, die es gibt. Der Kunstinvestor dagegen erwirbt ein bestimmtes Werk in der Hoffnung, es später gewinnbringend weiterverkaufen zu können. Auch er benötigt ein solides Fachwissen, um Fehlkäufe und damit finanzielle Verluste zu vermeiden, doch liegt sein Hauptaugenmerk immer auf dem Wert des Kunstwerks als Investition. Finden Sie also heraus, welcher Sammlertyp Sie sind – Kunstliebhaber oder Kunstinvestor.

Sammeln Sie aus Liebe zu schönen alten Dingen oder wollen Sie Ihr Geld gewinnbringend anlegen?

Nicht zuletzt sollten Sie bei der Wahl Ihres Sammelgebietes auch ein paar grundlegende Dinge beachten, die mit Ihrer unmittelbaren persönlichen Situation zusammenhängen: Wollen Sie ein Porzellanservice nur ausstellen oder auch gebrauchen? Und wieviel Platz haben Sie überhaupt zur Verfügung? Wohnen Sie zum Beispiel in einer engen Zwei-Zimmer-Wohnung, so hat es wenig Sinn, einen massiven Barockschrank für das Wohnzimmer zu erwerben, auch wenn er Ihnen noch so gut gefällt. Kostbare Keramik sieht zwar schön aus, wenn sie im Regal steht, doch wenn Ihre beiden Katzen dazwischen herumspazieren, kann sich dieser Anblick schnell zum Alptraum entwickeln. Und wie entfernt man doch gleich wieder Rotweinflecken aus einem kostbaren Orientteppich? Achten Sie bei der Wahl eines Sammelgebiets auf solche Faktoren – auch sie tragen dazu bei, dass Sie an Ihrem Hobby wirklich Freude haben können!

2. Entwickeln Sie ein Gespür für den Kunstmarkt!

Ein Gespür für den Kunstmarkt entwickeln – das ist leichter gesagt als getan. Dieses Ziel können Sie nicht auf die Schnelle an einem Wochenende verwirklichen – es erfordert vielmehr eine genaue, oft jahrelange Beobachtung des Kunstmarkts. Lesen sie die Fachzeitschriften (eine Auswahl finden Sie im Anhang dieses Buches), suchen Sie das Gespräch mit Fachleuten und Experten, besuchen Sie Auktionen, auch wenn Sie gar nichts ersteigern wollen – mit anderen Worten: Tauchen Sie ein in die Welt der Kunst! Wer ein gutes Gespür für den Kunstmarkt hat, wird bald auch Trends erkennen und vorhersagen können.

3. Kaufen Sie antizyklisch

Wie jeder Wirtschaftszweig wird auch der Kunstmarkt von Angebot und Nachfrage bestimmt. Dabei gilt auch hier: Werke aus Bereichen und Stilepochen, die gerade nicht »in« sind, können erheblich günstiger erworben werden als Modeobjekte. Gerade in solchen Modebereichen wird das Angebot häufig künstlich klein gehalten, so dass die Preise in die Höhe schnellen. Die Folge: ein Medienrummel entsteht, die Preise steigen weiter, die Händler lachen sich ins Fäustchen. Kaufen Sie gezielt gegen Trends – in der Fachsprache: antizyklisch – denn nach einem Trend kommt stets der nächste. Und wer weiß: vielleicht ist es ja der Ihre? Ein beliebtes Beispiel hierfür sind Parfümflacons oder alte Füllfederhalter. Vor zehn Jahren noch konnte man sie auf jedem Flohmarkt für ein paar Pfennige erste-

Auch auf dem Antiquitätenmarkt gibt es Modetrends

hen, heute sind einige von ihnen zwar nicht gerade Millionen wert, doch immerhin ein Vielfaches ihres damaligen Preises.

Wer ein Gespür für den Kunstmarkt hat – den richtigen Riecher sozusagen –, wird bald auch in der Lage sein, Trends zu erkennen, bevor sie zu einer regelrechten Modebewegung geworden sind und der große Ausverkauf begonnen hat. In diesem Fall läßt sich durch antizyklisches Kaufverhalten sogar gezielt Gewinn machen. Ein Tipp noch: Wenn Publikumszeitungen und –zeitschriften über einen »Trend« berichten, ist dieser meist schon wieder fast vorbei.

Als Neuling auf dem Kunstmarkt sollten Sie bei Ihren Einkäufen vor allem folgende Kriterien beachten:

- Wie bekannt ist mein Sammelgebiet?
- Gibt es Experten zu meinem Gebiet?
- Haben sich Händler darauf spezialisiert?
- Wie viele andere Sammler gibt es?
- Wer sind meine Konkurrenten?
- Gibt es Veröffentlichungen oder Zeitschriften zu meinen Sammelgebiet?
- Gibt es Schwerpunkte oder Trends innerhalb des Gebietes?

Eine schöne Sammlung alter Kameras kommt in einer Vitrine schön zur Geltung

DER ANTIQUITÄTENKAUF

Beim Aufbau einer Sammlung beginnen Sie am besten mit kleineren Objekten. So werden Sie am Anfang nicht gleich überfordert – sowohl in finanzieller Hinsicht, als auch in Bezug auf Ihr häufig noch nicht ganz ausgereiftes Fachwissen. Kommt es in dieser Anfangsphase einmal zu einem Fehlkauf, so ist dieser bei einem kleineren Objekt eher zu verschmerzen als bei einem vermeintlich sehr wertvollen und daher teuren Gegenstand. Fragen Sie bei Ihren ersten Einkäufen lieber zweimal zuviel nach als einmal zuwenig und lassen Sie sich alles genau erklären, zum Beispiel, warum ein bestimmtes Glas teurer ist als ein anderes. Auch so lernen Sie dazu und vertiefen Ihre Fachkenntnisse! Ein seriöser Händler wird Ihnen dabei gerne mit kompetentem Rat zur Seite stehen.

4. Informieren Sie sich über Ihr Sammelgebiet!

Man lernt nie aus – diese Lebensweisheit gilt auch auf dem Kunst- und Antiquitätenmarkt. Ein profundes Fachwissen ist das A und O für all diejenigen, die auf dem Kunstmarkt überleben wollen. Wer sich in seinem Gebiet auskennt, wird bald zwischen Kunst und Krempel unterscheiden können. Mit etwas Fachwissen können Sie nicht nur kompetent und selbstsicher auftreten, sondern werden auch in der Lage sein, falsche Einschätzungen und Fehlkäufe zu vermeiden. Je mehr Informationen Sie sich über Ihr Sammelgebiet verschaffen, desto besser sind Sie gerüstet!

Es gibt vielerlei Wege, sich Fachwissen zu erarbeiten – in jedem Fall müssen Sie damit rechnen, eine ganze Menge Zeit zu investieren. Doch wenn Sie Ihr Sammelgebiet nach persönlichen Interessen gewählt haben, wird Ihnen dies sicherlich nicht schwer fallen!

Solides Fachwissen erwirbt man nicht von gestern auf heute

Lernen Sie die Unterschiede zwischen den einzelnen Materialien und Fertigungstechniken kennen. Holz ist nicht gleich Holz – es macht einen bedeutenden Unterschied, ob ein Möbelstück aus Mahagoni oder Birke gefertigt ist. Auch bei Glas gibt es viele verschiedene Produktionstechniken, die wiederum einen großen Einfluss auf Wert und damit den Preis des Objektes haben. Wichtig sind bei der Einschätzung des Materials eines Kunstobjektes vor allem die folgenden Kriterien:

- **Wie ist der Gegenstand geformt?**
- **Wie groß ist er?**
- **Trägt das Objekt eine Signatur?**
- **Weist das Material Besonderheiten auf?**
- **Ist das Material homogen oder verändert es sich innerhalb des Objektes oder bei mehreren Objekten aus einer Serie?**
- **Weist das Material Legierungen auf?**

Am besten schulen Sie Ihren Blick für die Eigenschaften eines bestimmten Materials in Spezialmuseen (eine Auswahl von Spezialmuseen finden Sie im sechsten Kapitel dieses Buches) oder bei spezialisierten Antiquitätenhändlern. Diese werden Ihnen auch gerne ganz spezielle Fragen beantworten und freuen sich, wenn ein Kunde sich für mehr als nur das Aussehen oder den Preis eines Gegenstandes interessiert.

Schulen Sie Ihr Auge in Museen und Ausstellungen Museen, Galerien und Ausstellungen sind ohnehin geeignete Orte, um seinen Blick für Kunst zu schulen. Dort trifft man stets auch auf Fachleute, die bereitwillig Auskunft über die einzelnen Kunstwerke geben. So lässt sich leicht Wissen über Alter, Herkunft und Technik eines Werkes erhalten. Denken Sie einmal an Ihren letzten Museumsbesuch zurück: Fast immer hat das Aufsichtspersonal nicht viel zu tun, doch verfügt es häufig über erstaunliches Fachwissen. Sprechen Sie einfach Leute an und scheuen Sie sich nicht, Fragen zu stellen!

Wissen Sie eigentlich genau, woher die alte Truhe auf Ihrem Dachboden stammt? Bei Ihrem Studium der Kunst sollten Sie immer auch Ihren eigenen Haushalt miteinbeziehen. Sie haben dort kostenlose und frei zugängliche Anschauungsobjekte und wer weiß: Vielleicht haben Sie ja einen echten Schatz und wissen gar

Alte Bauernfamilien verfügen manchmal über erstaunliche Familienschätze: Diese alte Allgäuer Prunkanrichte stammt wohl aus dem 17. Jahrhundert und wurde in späterer Zeit umgearbeitet. Sie kam 1999 beim Lindauer Auktionshaus Michael Zeller für DM 6500 zum Aufruf.

Auch altes Küchenmobiliar und Gerätschaften aus der Zeit um die Jahrhundertwende sind heute sammelwürdig

nichts davon? Glauben Sie, im Besitz eines echten Kunstwerkes zu sein, so wird Ihnen ein Kunst- oder Antiquitätenhändler gerne behilflich sein, dessen Wert zu bestimmen. Rufen Sie den Händler einfach an und fragen ihn, ob Sie den Gegenstand vorbeibringen können bzw. ob er selbst vorbeikommen kann, um das Objekt unter die Lupe zu nehmen. Ist dieser Gegenstand tatsächlich wertvoll, wird der Händler Ihnen auch einen Schätzpreis nennen können.

Unerlässlich für einen Kunstsammler ist die eigene Kunstbibliothek. Kaufen Sie sich zunächst einen Leitfaden zu Ihrem Sammelgebiet. Diese gibt es u.a. aus dem Battenberg-Verlag, eine Liste der erhältlichen Titel finden Sie am Ende des Buches. In vielen Sammlerbüchern werden Sie auf Literaturverzeichnisse stoßen, die Sie auf weitere Werke zu Ihrem Interessengebiet hinweisen. Auf keinen Fall fehlen sollten in Ihrer Bibliothek Monographien zu Künstlern, Lexika und andere Nachschlagewerke sowie Fachliteratur zum historischen Hintergrund der Epoche und ähnlichen Kunstrichtungen. Nur so können Sie Kunst aus dem Kontext heraus begreifen. Sie werden schon bald feststellen, dass bereits das Sammeln von Literatur zu einem bestimmten Thema zur Leidenschaft werden kann. Denn so wie eine Sammlung (fast) nie komplett ist, wird auch eine Bibliothek nie vollständig sein. Beginnen Sie beim Aufbau Ihrer Bibliothek zunächst mit den aktuellen Neuerscheinungen zu Ihrem Thema, denn schließlich sammeln Sie ja jetzt und hier. Später können Sie auf ältere und ausländische Titel zurückgreifen. Wenn Sie einen guten Draht zu einem Antiquariat haben, so scheuen Sie sich nicht, dem Antiquar eine Liste mit Themen zu geben, die Sie interessieren. Er wird dann gezielt Bücher zu diesen Themen suchen bzw. Sie verständigen, wenn er etwas Passendes für Sie erworben hat.

DER ANTIQUITÄTENKAUF

Neben Büchern dürfen auch Fachzeitschriften in keiner Kunstbibliothek fehlen. In- und ausländische Zeitschriften informieren Sie über die neuesten Trends auf dem Kunstmarkt sowie über aktuelle Auktionspreise. Auch Termine von Auktionen, Messen und Antikmärkten finden Sie in diesen Zeitschriften. Eine wahre Fundgrube für Fachzeitschriften aller Art aus dem In- und Ausland sind übrigens die Zeitschriftenhandlungen größerer Bahnhöfe. Ansonsten können Sie auch bei den einzelnen Verlagen anrufen und sich kostenlose Probeexemplare einer Zeitschrift schicken lassen. Die Aussicht, eventuell einen neuen Abonnenten zu gewinnen, lässt viele Verlage sehr hilfsbereit werden. Ein Verzeichnis wichtiger deutscher Kunstzeitschriften finden Sie am Ende dieses Buches. Auch die großen Tageszeitungen wie die *Süddeutsche Zeitung* oder die *Frankfurter Allgemeine Zeitung* berichten regelmäßig über die neuesten Trends auf dem Kunstmarkt. So gibt es in der *Süddeutschen Zeitung* in der Regel einmal wöchentlich (meist montags) eine Seite »Kunst & Preise«, die über Auktionsergebnisse und die Entwicklung des Kunstmarktes berichtet.

Die Zeitschrift »Weltkunst« ist das aktuelle Forum für den Kunst- und Antiquitätenmarkt

Nicht zu unterschätzen ist auch der Wert von Ausstellungskatalogen. Wenn Sie eine Ausstellung besuchen, dann erwerben Sie den begleitenden Katalog. So bleibt Ihnen nicht nur die Ausstellung besser im Gedächtnis, sondern Sie haben zugleich auch Zugriff auf Informationen zu einem bestimmten Thema. Meist sind diese Kataloge auch reichlich bebildert, so dass sie gut als Nachschlagewerke dienen. Natürlich kann kein Mensch von Ihnen verlangen, alle erdenklichen Ausstellungen zu besuchen, denn schließlich ist für die meisten Menschen Kunst nur ein Hobby, nicht der Beruf. Sie können jedoch bei Ausstellungen anrufen und sich die Kataloge zuschicken lassen. Ein Verzeichnis von relevanten Ausstellungsterminen im In- und Ausland findet sich zum Beispiel jeweils einmal monatlich in der *Süddeutschen Zeitung*, auch die Wochenzeitung *Die Zeit* führt alle wichtigen Termine auf.

Keineswegs vergessen darf man heutzutage auch das Internet als Informationsquelle. Neben Museen und Ausstellungen sind heute auch viele Auktionshäuser und Antiquitätenhändler im Internet vertreten – auch wenn dies auf den ersten Blick gar nicht zum konservativen Image des Kunsthandels zu passen scheint. Nirgendwo sonst haben Sie so schnell Zugriff auf Informationen über den weltweiten Kunstmarkt, finden Vorschauen auf Auktionen und aktuelle Ergebnisse und Preise. Nicht zuletzt lassen sich dort auch Kontakte zu anderen Sammlern knüpfen.

War in Ihrer Nähe eine Auktion, auf der Objekte versteigert wurden, die auch für Sie interessant gewesen wären, doch hatten Sie keine Zeit selbst hinzugehen? Dann lassen Sie sich doch vom Auktionshaus die Preisliste zuschicken! So erfahren Sie, wieviel die eingelieferten Objekte tatsächlich erbracht haben und können so Ihr Gespür für Preise und den Wert von Kunstgegenständen schärfen.

Um Ihr Bildungsprogramm abzurunden, können Sie Veranstaltungen an der Volkshochschule oder an Universitäten besuchen. Dies ist auch eine gute Möglichkeit, Gleichgesinnte kennenzulernen.

Der Rat von unabhängigen Sachverständigen ist unabdingbar! Doch sollten Sie nicht nur theoretisches Bücherwissen jederzeit abrufbar haben, Sie sollten immer auch ein paar »Praktiker« an der Hand haben, die Ihnen im Falle eines Falles mit Rat und Tat beiseite stehen. Deshalb darf in Ihrer Sammlung eine Liste mit Sachverständigen auf keinen Fall fehlen. Hilfreich beim Auftreiben eines Experten sind die Industrie- und Handelskammern. Auch eine Liste mit Händleradressen ist in jedem Fall nützlich. Auf dieser sollte neben Anschrift und Öffnungszeiten auch etwaige Spezialgebiete des Händlers sowie Ihr persönlicher Eindruck vermerkt sein (z.B. »chaotischer Laden, aber Fachmann für alte Uhren« oder »Herkunft der Objekte häufig nicht zu erkennen«).

Wer all diese Tipps zur Informationssammlung beherzigt, wird nun schon fast ein extra Zimmer benötigen, um seine Kunstbibliothek unterzubringen. Doch auch wenn Sie kein eigenes »Kunst-zimmer« besitzen, ist das nicht weiter schlimm. Beim Aufbewahren Ihrer Fachliteratur sollten Sie jedoch einen Grundsatz befolgen: Ordnung ist das halbe (Kunst-)Leben. Legen Sie sich deshalb ein Archiv an, in dem Sie alle Veröffentlichungen zu Ihrem Gebiet sammeln: Artikel aus der Fach- und der Publikumspresse, Zeit-schriften, Spezialabhandlungen über Ihr Kunstgebiet usw. Für all diejenigen, denen das Hantieren mit Karteikarten und Zetteln zu mühsam ist, bietet der Computer kompetente Hilfe an. So gibt es mittlerweile eigene Kunstprogramme für PC und Mackintosh sowie Programme für die Archivierung von Literatur. Auch für das ordentlichste Archiv gilt: Ein Archiv ist immer nur so aktuell, wie es vom Archivar gehalten wird. Deshalb halten Sie alle neuen Erkenntnisse oder Entdeckungen zu Ihrem Sammelgebiet sofort fest – vorerst reicht häufig schon ein kleiner Zettel oder eine Haftnotiz und ein Leitz-Ordner, in dem Sie alles sammeln!

Archivieren Sie Ihre Erkenntnisse und Infor-mationen!

Die auf den oben erläuterten Wegen erworbenen Kenntnisse werden Ihnen helfen, zwischen guten und weniger seriösen Händlern zu unterscheiden. Je intensiver Sie sich mit Kunst oder Ihrem Sammelgebiet auseinandersetzen, um so leichter werden Sie ein Gespür für den Kunstmarkt entwickeln. Und das ist auch dringend nötig, denn wer den Markt, auf dem er sich bewegt, kennt, wird nicht so leicht Beute von unseriösen Geschäftemachern. Dies betrifft besonders den Kunsthandel, bei dem oft nicht ganz unbeträchtliche Summen auf dem Spiel stehen. Beschaffen Sie sich deshalb einen guten Überblick über die Abläufe und Fallstricke der Branche.

5. Informieren Sie sich über den Kunsthandel

Zunächst einmal ist auch der Kunstmarkt ein Wirtschaftszweig, der nach den allgemeinen Regeln von Angebot und Nachfrage funktioniert. Vor allem Händler und Auktionshäuser bieten Waren an, die sie natürlich so gewinnbringend wie möglich an den Mann bzw. die Frau bringen wollen. Dabei richtet sich der Markt genauso nach Trends und Modebewegungen wie andere Branchen. Das Spitzengeschäft, also diejenigen Verkäufe, die später in den Schlagzeilen der Zeitungen auftauchen, machen meist die Tophändler und die führenden Auktionshäuser unter sich aus, als Laie und Privatperson hat man nur wenig Chancen, sich in diese Regionen nach oben zu kämpfen. Die wichtigsten Kunsthandelszentren sind New York, London, Paris und Zürich; Deutschland ist auf diesem Gebiet eher noch als Provinz zu betrachten. Das bringt für Sie als Anfänger jedoch einen entscheidenden Vorteil: Sie können ungestört und in Ruhe Ihre ersten Schritte auf dem Kunstmarkt unternehmen. Niemand wird Sie misstrauisch beäugen, weil er in Ihnen vielleicht einen geheimnisvollen Konkurrenten sieht. Jeder hat Zutritt zu Auktionen, jeder kann Galerien und Ausstellungen besuchen, und das sollten Sie auch so oft wie möglich tun, denn so können Sie sich durch Beobachten einen guten Einblick in die Abläufe und Raffinessen des Kunstmarktes verschaffen.

Besuchen Sie Auktionen und Ausstellungen!

Gehen Sie dabei stets vorsichtig und überlegt vor: Wer gute Käufe machen will, sollte auch abwarten können. Allerdings kann es im Ernstfall schon einmal nötig sein, eine blitzschnelle Entscheidung zu fällen.

Dokumentieren Sie Ihren Besitz

Ebenso wichtig ist es, die rechtliche Situation des Kunsthandels zu kennen, besonders wenn Sie einmal Opfer von Fälschern geworden sein sollten oder sich nicht sicher über die Herkunft einer Ware sind. Auch im Falle eines Diebstahls bekommen Sie es mit Gesetzen und Versicherungen zu tun. In einem solchen Fall ist immer die Aufbewahrung des gestohlenen Gegenstandes von Bedeutung. Haben Sie zum Beispiel eine Alarmanlage? Dass Sie wertvolle Gegenstände unbedingt versichern sollten, versteht sich hier fast von selbst. Der Versicherungswert beruht zumeist auf dem Beschaffungspreis des Kunstobjekts, doch wird hier zumeist auch die Wertsteigerung im Laufe der Jahre berücksichtigt. Übrigens sollten Sie bei einem Diebstahl unbedingt auch Fotos des gestohlenen Objektes an alle größeren Auktionshäuser schicken, denn häufig taucht das Diebesgut hier wieder auf!

Wie alle im Handel erhältlichen Waren unterliegen auch Kunstwerke der Mehrwertsteuer. Diese beträgt 7% für »Kunstgegenstände und Sammlungsstücke«, also für Gemälde, Grafik, Bücher, Fayencen, Münzen, Skulpturen, Waffen und Ausgrabungsstücke. 16% dagegen beträgt die Mehrwertsteuer für Antiquitäten, also zum Beispiel für Gläser, Schmuck, Möbel, Leuchter, Silber und Teppiche. Außerdem unterliegt jeder, der ein wertvolles Kunststück besitzt, egal ob er es nun ererbt oder gekauft hat, der Vermögenssteuer.

Steuern und Versicherungen

Auch wenn bei fanatischen Sammlern die Angst vor Konkurrenz groß sein mag – als Hobbysammler tun Sie sich leichter, wenn Sie Kontakte zu anderen Sammlern oder Fachleuten herstellen. So haben Sie immer jemanden, mit dem Sie fachsimpeln können und den Sie um Rat fragen können, wenn Sie bei einem Kauf unsicher sind. Geht man zum Beispiel auf eine Vorbesichtigung bei einer Auktion oder besucht man einen Antiquitätenhändler, so kann eine Begleitperson sehr nützlich sein, denn vier Augen sehen mehr als zwei. Vielmals wird Ihr Begleiter das Objekt Ihrer Begierde mit distanzierterem und nüchternerem Blick betrachten und so vielleicht noch das eine oder andere bemerken, das Ihnen hinter Ihrer rosaroten Sammlerbrille verborgen geblieben ist. Gerade als Anfänger ist es hilfreich, auf den Rat von erfahrenen Sammlern und Experten zurückgreifen zu können und so den einen oder anderen Tipp zu erhalten. Und wenn Sie einmal ein besonders herausragendes Objekt für Ihre Sammlung erworben haben, werden es Ihre »Kollegen« auch entsprechend zu würdigen wissen und nicht nur artig mit dem Kopf nicken.

6. Suchen Sie den Kontakt zu Gleichgesinnten, anderen Sammlern und Fachleuten

Wo treffen Sie nun aber auf Gleichgesinnte? Zunächst einmal können Sie auf Sammlerzeitschriften wie *Trödler & Sammeln* oder *Sammler-Journal* zurückgreifen, in denen Sie eine Vielzahl von Kleinanzeigen von Sammlern der verschiedensten Gebiete finden. Nehmen Sie einfach Kontakt auf, auch wenn Sie das gesuchte Ob-

Kontaktbörse in Sammlerzeitschriften

jekt nicht besitzen. Oft lässt sich auf diese Art und Weise ein Netzwerk aufbauen, in dem ein Sammler auch nach Objekten Ausschau hält, die einen anderen interessieren. Zum anderen können Sie solche Kontakte auch auf Auktionen, Antikmärkten und -messen oder bei Antiquitätenhändlern knüpfen. Zögern Sie nicht, Leute anzusprechen und Fragen zu stellen, selbst wenn Sie sich dabei dumm vorkommen. Experten und Fachleute werden Ihnen gerne weiterhelfen – und sei es nur, weil sie mit ihrem Fachwissen glänzen wollen!

Wer auf befreundete Sammler und Fachleute zurückgreifen kann, die ihm den Rücken stärken, muss sich nicht mehr als Einzelkämpfer durch den Dschungel des Kunst- und Antiquitätenhandels schlagen – Gemeinsamkeit macht stark!

7. Schulen Sie Ihre Auge für Qualität und achten Sie auf ein angemessenes Preis-Leistungs-Verhältnis

Ein guter Blick für die Qualität eines Kunstobjektes ist vor allem für diejenigen unter Ihnen wichtig, die mit Kunst und Antiquitäten auch Geld verdienen wollen. Stücke von erstklassiger Qualität lassen sich später leichter (und hoffentlich mit Gewinn) wiederverkaufen als minderwertige Objekte. Wenn Sie die Qualität eines Kunstwerkes genau einschätzen können, so gehen Sie auch sicher, dass Sie einen angemessenen Preis für das Objekt bezahlen und nicht etwa übervorteilt werden.

Auch beim Kauf alter Möbel gilt es, eine Reihe von Qualitätsmerkmalen zu beachten, damit Sie sichergehen können, dass sich die vermeintliche Biedermeier-Kommode nicht als billige Imitation aus den 50er Jahren entpuppt.

Nur bei fachmännisch ausgeführten Restaurierungen erhalten oder steigern Sie den Wert Ihrer Antiquität

Beschädigte Antiquitäten können zumeist aufgearbeitet oder restauriert werden. Dabei versteht man unter Aufarbeitung die Reparatur beschädigter Stellen, unter Restaurierung dagegen zusätzlich das Ergänzen fehlender Teile an Möbelstücken, Gemälden oder Textilien. Ausgeführt werden beide Arbeiten von Fachleuten. Achtung: Im Vergleich zu einem unbeschädigten Stück wirken sich

Worauf Sie beim Kauf von Gemälden achten sollten

Veränderungen oder Verfärbungen in der Firnisschicht: Bilder, die einen gelbbraunen oder goldenen Farbton aufweisen, müssen schnellstens gereinigt werden.

»Durchsichtige« Farben (Pentimenti): Mit bloßem Auge lassen sich Abweichungen der Gemälde von den Vorzeichnungen erkennen. Diese Korrekturen hat der Künstler selbst durchgeführt.

Risse: Beschränken sich diese nur auf die Firnisschicht, so kann das Bild zumeist noch gerettet werden. Kompliziert wird es, wenn auch die Malschicht Risse aufweist, man spricht dann von Krakelüren. Diese entstehen nach etwa 50 bis 60 Jahren durch den Alterungsprozess der Bindemittel. Allerdings können Fälscher diesen natürlichen Ablauf mit chemischen Mitteln beschleunigen.

Flocken bilden sich, wenn sich die Malschichten vom Bildträger lösen und so die Farben ihre Haftung verlieren. Sie entstehen durch Feuchtigkeit oder häufiges Übermalen von Bildern.

Blasen über der Malfläche werden zumeist durch ein Zusammenziehen der Bildträger verursacht. Zieht sich die Leinwand zusammen, so geht der Zusammenhalt zwischen ihr und der Malschicht verloren. Im Extremfall kann sich die Malschicht auch aufrollen.

Runzeln in der Malschicht weisen darauf hin, dass im Bindemittel zu viele fette Öle enthalten waren. Häufig entstehen sie, wenn die Farbe zu dick aufgetragen wurde.

Übermalungen lassen sich häufig schon mit bloßem Auge erkennen. Schwieriger ist dies bei Retuschen, die teilweise noch von den Künstlern selbst durchgeführt wurden.

Auch die **Leinwand** selbst sollte selbstverständlich gut erhalten sein. Ihr Erhaltungszustand hängt im wesentlichen von der Aufbewahrung des Bildes ab. So kann zu trockene Luft beispielsweise ein Reißen der Leinwand bewirken, eine zu hohe Luftfeuchtigkeit kann dagegen zu einer Erschlaffung des Bildträgers oder sogar zu Schimmel oder Fäulnis führen. Außerdem können durch falsche Lagerung Beulen entstehen, die nur sehr schwierig wieder zu entfernen sind. Bilder, die auf Holz gemalt wurden, reagieren ähnlich. Restaurierungen von derart beschädigten Bildern sind zumeist sehr teuer.

solche Arbeiten wertmindernd aus, auch wenn das aufgearbeitete oder restaurierte Stück aussieht »wie neu«.

Wie man Qualität erkennt

Wie schult man nun aber seinen Blick für Qualität? Hier gilt wieder derselbe Grundsatz, den ich schon mehrmals erwähnt habe: Informationen sammeln und Fragen stellen. Vergraben Sie sich dabei nicht zu sehr in Ihre Kunstbücher, sondern ziehen Sie aus und sehen Sie sich die Kunstwerke an. Lassen Sie sich zum Beispiel vom Antiquitätenhändler Ihres Vertrauens Preisunterschiede erklären und zeigen, welche Kriterien an einem Kunstobjekt preisbildend wirken. Beäugen und befühlen (sofern erlaubt) Sie die Objekte genau – nur so lassen sich häufig Unterschiede in den Materialien erkennen. Häufig dauert es Jahre, bis man ein wirkliches Gespür für Qualität bekommt, aber Sie werden sehen: all die Anstrengung lohnt sich!

Wie bei jedem anderen Kauf sollten Sie auch beim Erwerb von Kunstwerken nie das Preis-Leistungs-Verhältnis aus den Augen verlieren. Voraussetzung hierfür ist das oben erwähnte Gespür für die Qualität eines Objektes, denn nur wenn Sie genau wissen, wieviel ein Kunstwerk wert ist, werden Sie sagen können, ob sein Preis angemessen ist. Auch hier gilt also wieder: Lassen Sie sich von Händlern Preisunterschiede erklären. Stellen Sie anhand von

Was Sie beim Kauf von Möbeln beachten sollten:

Am auffälligsten ist natürlich das Material selbst: Wertvolles Holz besitzt eine dichte und feine Struktur, billiges Holz ist gröber.

Ein wichtiges Zeichen für die Echtheit eines antiken Möbels ist die Oberflächendunkelung, die im Laufe der Jahre durch Lufteinwirkung, Staub und Fettpolitur entsteht.

Verzierungen am Möbelstück wurden im 18. Jahrhundert noch aus dem Holzkörper herausgearbeitet. Weist Ihr Möbelstück Verzierungen auf, die erst später befestigt wurden, können Sie sicher sein, dass Ihr Möbelstück jünger ist.

Schlecht verarbeitete Rückwände müssen kein Zeichen für mangelnde Qualität sein – vielleicht ist Ihr Möbelstück einfach nur sehr alt! Rückwände wurden nämlich erst ab dem Klassizismus sorgfältig verarbeitet.

Schubladen füllten fast nie die gesamte Tiefe des Möbelstücks aus. Etwa bis 1770 verlief ihre Maserung senkrecht, danach waagrecht.

Bohrmehlreste um das Möbelstück herum deuten auf einen ungeliebten Bewohner hin: den Holzwurm! Dem lästigen Schädling sollten Sie unbedingt mit Gasen oder Insektiziden zu Leibe rücken, denn sonst wird das Möbelstück ganz und gar zerfressen und schließlich zerfallen. Dass ein Möbelstück einmal vom Holzwurm befallen war, erkennt man an den vielen winzigen Löchern auf seiner Oberfläche.

Und schließlich: Originalschlösser und Beschläge aus dem 18. Jahrhundert tragen keine Seriennummer!

Die Holzwurmbekämpfung ist Sache eines Fachmanns!

Auktionspreisbüchern oder Ausstellungskatalogen selbst Preisvergleiche an und zögern Sie nicht, immer wieder Fragen zu stellen. Achten Sie dabei auch auf den Erhaltungszustand eines Objektes.

Ein Kunstwerk, das restauriert oder aufgearbeitet werden muss, ist zwar günstiger als ein intaktes, doch fallen für die Restaurierung natürlich zusätzliche Kosten an, die Sie vom Anfang an im Auge behalten sollten.

Gerade auf dem Kunstmarkt gilt: Der Einkauf ist zumeist wesentlich leichter als der Verkauf, denn auf dem Kunstmarkt wird mit überschüssigem Geld gehandelt. In Zeiten einer wirtschaftlichen Rezession werden daher hier schnell Einbußen zu erwarten sein.

So schützen Sie Ihre Gemälde

Was Sie beim Rahmen und Aufbewahren eines Bildes beachten sollten:

Das Bild nicht zu straff einspannen, denn sonst kann es reißen.

Das Bild nicht mit Nägeln aus Eisen befestigen. Diese können rosten!

Der Rahmen sollte sich stets nach dem Bild richten, nicht umgekehrt. Dass Sie niemals ein Stück von einem Bild abschneiden sollten, um es in einen bestimmten Rahmen zu zwängen, sollte eigentlich selbstverständlich sein.

Bilder niemals über Heizkörper und andere Wärmequellen hängen, es können sich sonst Risse bilden. Temperaturschwankungen nach Möglichkeit vermeiden.

Für eine ausgewogene Beleuchtung der Bilder sorgen: Schädlich sind sowohl direkte Sonneneinwirkung, Bestrahlung oder künstlicher Lichteinfall direkt auf das Bild als auch eine Aufbewahrung in zu dunklen Räumen.

Die Luftfeuchtigkeit sollte möglichst konstant sein: Sowohl zu trockene als auch zu feuchte Luft sowie Dämpfe können Bildern erhebliche Schäden zufügen.

Wer ein überteuertes Kunstwerk kauft, wird immer Schwierigkeiten haben, es gewinnbringend zu verkaufen. Wer mit Kunst handeln oder sogar Geld verdienen will, sollte deshalb möglichst günstig einkaufen. Auf Auktionen bieten sich die besten Gelegenheiten, »Schnäppchen« zu machen, da die meisten professionellen Händler ihre Waren ebenfalls auf Auktionen erstehen und dann beim Verkauf natürlich noch einiges daraufschlagen (meist verdoppeln sie den Einkaufspreis), um Gewinn zu machen.

Müssen oder wollen Sie sich von einem Kunstwerk trennen, so sollten Sie beim Verkauf zumindest folgendes erhalten: Einkaufspreis + Nebenkosten (z. B. Restaurierung, Lagerung) + Verzinsung des eingesetzten Kapitals bzw. Inflationsrate. Damit Sie keinen Verlust machen, muss der Marktwert des Objektes in der Zwischenzeit um 15 bis 20 % gestiegen sein. Wenn Sie nun auch noch überteuert eingekauft haben, wird es Ihnen schwer fallen, mit Ihrem Kunstobjekt Geld zu verdienen. Neben einem Gespür für Trends und die Qualität eines Kunstwerkes zählt also auch das Beachten des Preis-Leistungs-Verhältnisses zu den grundlegenden Voraussetzungen, die ein Kunstkäufer und –verkäufer mit sich bringen sollte.

Sie sehen also: Es besteht eigentlich gar kein großer Unterschied zwischen einem Kaufmann und einem Kunstkäufer. Und deshalb sollten Sie stets eine alte Kaufmannsdevise im Auge behalten: Im Einkauf liegt der Gewinn!

8. Vertrauen Sie auf Ihr Gefühl

Diesen Grundsatz mögen viele belächeln, doch kann er eigentlich nicht schaden. Sind Sie sich bei einer Sache unsicher, so versuchen Sie nicht, dieses Gefühl beiseitezuwischen. Auch wenn der Händler hundertmal seriös wirken mag und Sie mit einer Vielzahl von Argumenten zu überzeugen versucht – haben Sie ein flaues Gefühl im Magen, so verlassen Sie sich darauf. Ziehen Sie lieber noch einen Experten hinzu und überstürzen Sie nichts. Wenn der Händler – speziell bei teureren Gegenständen – ernsthaft an Ihnen als Käufer interessiert ist, so wird er dies akzeptieren. Ist er jedoch nur darauf aus, seine Ware möglichst schnell loszuwerden und setzt Sie vielleicht sogar mit den Worten unter Druck »Ich verstehe ja Ihre Zweifel, doch müssen Sie sich heute entscheiden, denn ich habe noch so viele andere Interessenten«, so könnte an der Sache vielleicht etwas faul sein. Gerade wenn höhere Summen auf dem Spiel stehen, sollte man besser einmal zu viel nachdenken, denn zu verlieren hat man in einem solchen Fall ja nichts.

9. Ordnung ist das halbe Leben – auch bei einem Kunstsammler!

Unordentlichkeit kann gerade bei Kunstobjekten nicht nur den Überblick erschweren, sondern auch erhebliche finanzielle Einbußen bringen. Oben habe ich bereits erwähnt, welche Schäden falsche Lagerung bei Gemälden hervorrufen kann. Sorgen Sie also unbedingt für eine sachgemäße Aufbewahrung der Kunstobjekte! Bilder sollten gerahmt werden, damit sie keinen Schaden nehmen. Für Grafiken bieten sich spezielle Sammelmappen an.

Eine Sammlung muss so sorgfältig katalogisiert und dokumentiert werden

Wer über eine umfangreiche Kunstsammlung verfügt, sollte diese unbedingt geordnet aufbewahren. Ordnungskriterien können dabei zum Beispiel einzelne Künstler, Epochen, Themen und Motive oder Techniken sein. Häufig werden diese Kriterien von den Schwerpunkten der Sammlung vorgegeben. Auch empfiehlt sich eine Katalogisierung entweder auf Karteikarten oder – wer die modernere Variante bevorzugt – im Computer.

Eine solch genaue Erfassung bringt den zusätzlichen – wenn auch nicht unbedingt wünschenswerten – Vorteil, dass Sie im Falle eines Einbruchs oder Diebstahls der Polizei bzw. Ihrer Versicherung exakte Angaben über das gestohlene Kunstwerk machen können. Auch sollten sie sich beim Kauf immer eine Quittung mit möglichst genauen Informationen über das Kunstwerk geben lassen, die Sie ebenfalls sorgfältig aufbewahren sollten. Denn bei Zweifeln über die Herkunft eines Objektes können Sie sich darauf berufen.

Festgehalten werden sollten dabei die folgenden Angaben:

Name des Künstlers_____   **Ihre**
Name des Objekts _____   **Karteikarte**
Technik _____
Datierung _____
Format_____
Signatur_____
Erwerbsdatum _____
Erwerbsquelle_____
Preis_____
Zustand bei Erwerb_____
Literaturhinweise_____
Bemerkungen _____

Kunst als Gebrauchswert:
Ein wertvolles Speiseservice
– hier ein Jugendstil-Ser-
vice aus Meissener Porzel-
lan – ist ein wertvoller und
nützlicher Besitz.
Wert ca. 30 000 DM
Versteigert beim Auktions-
haus Schloß Ahlden.

10. Zu guter Letzt: Haben Sie Freude an Ihrem Sammelgebiet!

Dieser Ratschlag mag zwar überflüssig klingen, denn niemand, der sich für Antiquitäten überhaupt nicht begeistern kann, wird freiwillig so viel Zeit in dieses Gebiet investieren, doch wird immer wieder unterschätzt, wie sich die eigene Freude auf andere auswirkt. Jemand, der sich so richtig für ein altes Stück begeistern kann, wird es leicht schaffen, auch andere mitzureißen und sie an seiner Freude teilhaben zu lassen. So lässt sich so manches Objekt leichter verkaufen. Aber Vorsicht: Die meisten Menschen sind sehr wohl in der Lage, zwischen gespielter und echter Begeisterung zu unterscheiden!

Liebe zur Kunst ist in jedem Fall wichtiger als Geld und finanzieller Gewinn, wenn man Kunst nicht als bloße Ware sehen will. Nur so ist es möglich, auch an kleinen, auf den ersten Blick unspektakulären Gegenständen seine Freude zu haben und andere mit seiner Begeisterung anzustecken. Nur wer sich mit Leib und Seele seinem Sammelgebiet verschrieben hat, wird den nötigen Enthusiasmus aufbringen, seine Freizeit auf Auktionen und Antikmärkten zu verbringen. Wenn Sie nicht gerade ein professioneller Antiquitätenhändler sind, sollten Sie dabei jedoch nie vergessen, dass es sich bei Ihrer Liebe zu alten Dingen nur um ein Hobby handelt – die Welt also keineswegs untergeht, wenn Sie das Objekt Ihrer Begierde nicht erstehen!

Nun haben Sie also erfahren, was Sie alles beim Kaufen und Sammeln von Kunst und Antiquitäten beachten sollten. Ganz schön viel, oder? Sie sollten sich aber von dieser langen Liste nicht entmutigen lassen, die zehn goldenen Regeln verstehen sich größtenteils als Tipps und Anregungen, die Sie aufnehmen und selbst erweitern können. Zentrales Kaufkriterium sollte jedoch immer die Authentizität eines Objektes sein, neben der handwerklichen Qualität und dem künstlerischen Wert.

Wenn auch nicht Kunst, so doch kostbar: Auch alte Puppen sind zum wertvollen und heiß begehrten Sammelgut geworden. Seltene Stücke erzielen in den namhaften Auktionshäusern Spitzenpreise. Deutsche Porzellanpuppe von Kämmer & Reinhard von 1910, Wert ca. 3200 DM.

Wo kann ich Kunst und Antiquitäten kaufen?

Doch hilft alle Theorie nichts, wenn Sie nicht durch entsprechende praktische Erfahrungen vertieft wird. Haben Sie sich also einen mehr oder weniger guten Überblick über den Kunstmarkt bzw. Ihr Sammelgebiet verschafft, können Sie sich mit gutem Gewissen mitten in den Rummel stürzen. Erlauben Sie mir noch eine Vorbemerkung: Als Neuling auf dem Kunstmarkt sollten Sie zuerst einmal beim Fachhändler oder in einem renommierten Auktionshaus einkaufen. Wenn Sie dann das nötige Grundwissen erworben haben, können Sie sich überall auf die Suche nach Kunstobjekten machen. Warum ich Ihnen dies rate, wird Ihnen bei der Lektüre der folgenden Abschnitte klar werden.

Auktionshäuser **E**in beträchtlicher Teil des deutschen Kunstmarktes spielt sich in Auktionshäusern ab. Diese übernehmen eine Art Maklerfunktion, das heißt, sie bringen Angebot und Nachfrage zusammen. Hier werden die Preise auf dem Kunstmarkt gemacht. Dabei stehen nicht nur die großen Namen wie Hauswedell & Nolte in Hamburg oder Lempertz in Köln im Mittelpunkt, sondern auch eine Vielzahl kleinerer Häuser, die ebenfalls Beachtung verdienen. Jeder kann hier einkaufen, Auktionshäuser sind nicht mehr nur reine Großhandelsvermittler, sondern stehen heute in direkter Konkurrenz zu Antiquitätenhändlern. Fast in jeder größeren Stadt gibt es ein Auktionshaus oder zumindest eine Kunst- oder Antiquitätenhandlung, die ab und zu Versteigerungen durchführt. Versteigert wird dabei fast alles. Studieren Sie doch einmal aufmerksam Ihre Tageszeitung oder Ihr Branchenverzeichnis – Sie werden erstaunt sein, wieviel Ihre Heimatstadt auf dem Kunstmarkt zu bieten hat!

Gerade bei Neulingen auf dem Kunstmarkt ist die Hemmschwelle, eine Auktion zu besuchen, noch relativ hoch. Eingeschüchtert durch Zeitungsmeldungen über Millionenpreise, die wieder einmal bei Christie's oder Sotheby's in London oder New York erzielt wurden, meinen viele Anfänger, sie hätten auf einer Versteigerung gar nichts verloren. Für erhebliches Aufsehen sorgen auch Versteigerungen, die von den Medien zur »Auktion des Jahrhunderts« hochgejubelt werden, wie zum Beispiel die Versteigerung der Sammlung von Robert von Hirsch 1978 bei Sotheby's in London. 607 Objekte kamen dort in sechs Tagen unter den Hammer, begleitet von einem gigantischen Medienrummel und hohem Besucherandrang. Doch gemahnte die Atmosphäre in den ehrwürdigen Räumen des Auktionshauses eher an ein Spielkasino, denn an eine Veranstaltung, bei der eigentlich die Kunst im Mittelpunkt stehen sollte.

Lassen Sie sich nicht von »Jahrhundert«-Versteigerungen einschüchtern!

In Deutschland verhält es sich dagegen noch wesentlich ruhiger. Weit entfernt von Millionenpreisen und Medienzirkus liegen vier Fünftel der in deutschen Auktionshäusern gemachten Zuschläge unter DM 5000 – Sie müssen also nicht gleich Haus und Hof versetzen, um hier mithalten zu können!

Viele Anfänger haben außerdem Angst, dass der Auktionator ein harmloses Augenzwinkern oder Kratzen an der Nase gleich als Gebot wertet und Sie so völlig unbeabsichtigt irgendwelche Gegenstände ersteigern. In der Tat geben einige der Signale und Gesten in einem Auktionshaus Neulingen noch Rätsel auf, denn wie viele andere Branchen verfügt auch der Auktionsmarkt über eigene Regeln und eine eigene Sprache. Doch sind diese leicht erlernbar, wenn Sie erst einmal Ihre Scheu überwunden haben und sich mitten ins Geschehen stürzen. Im folgenden werden Sie lernen, wie eine Auktion im einzelnen abläuft und wie auch Sie als Normalbürger Ihren Spaß an diesem Geschehen haben können.

Im Vergleich zu den großen internationalen Versteigerungen, auf denen **Die deutsche Auktionsszene** zum Teil Unsummen den Besitzer wechseln, ist die deutsche Auktionsszene relativ übersichtlich und durchsichtig. Zwar unterhalten die großen Auktionshäuser Sotheby's und Christie's auch in Deutschland ihre Zweigstellen, doch gibt es eine Vielzahl kleinerer Auktionshäuser, die sehr spezifische Versteigerungen abhalten. Da es immer mehr Sammler gibt, wächst die Zahl solcher kleineren Veranstaltungen beständig. Eine Übersicht über die Vielzahl der Termine bietet die zweiwöchentlich erscheinende *Antiquitäten Zeitung*. Auch der Bundesverband der Deutschen Kunstversteigerer in Berlin (Adresse siehe Anhang) wird Ihnen gerne weiterhelfen.

So läuft eine Auktion ab

Haben Sie eine Auktion entdeckt, die Sie besuchen wollen, so können Sie bereits vor dem eigentlichen Versteigerungstermin das Auktionshaus zu einer Vorbesichtigung der eingelieferten Objekte aufsuchen. Meist findet diese Vorbesichtigung in der Woche vor der Auktion statt. Bei manchen Auktionshäusern besteht die Möglichkeit zur Vorbesichtigung nur wenige Stunden, bei anderen sogar bis zu zwei Wochen. Der Durchschnitt sind etwa drei bis sieben Tage. In der Regel gibt es dabei stets auch einen Termin am Wochenende für Interessenten mit weiten Anfahrtswegen bzw. Berufstätige. Ebenfalls schon vor dem eigentlichen Auktionstermin erhältlich ist der Katalog, in dem die zur Versteigerung stehenden Objekte beschrieben und häufig auch abgebildet sind. Mit diesem können Sie sich auch zu Hause noch mit den für Sie interessanten Stücken auseinandersetzen.

Am Tag der Auktion selbst bekommen Sie bei Ihrer Ankunft in der Regel ein Formular, in das Sie Ihren Namen und Ihre Anschrift eintragen müssen. Dann erhalten Sie eine Karte mit Ihrer persönlichen Bieternummer, die Sie jedesmal in die Höhe halten müssen, wenn Sie ein Gebot machen wollen. Nun kann es also losgehen. Der Auktionator geht bei der Versteigerung nach den Katalognummern vor, sie können also ungefähr abschätzen, wann Ihr Wunschobjekt an der Reihe ist. Doch Vorsicht: Häufig werden kleinere und unbedeutendere Gegenstände sehr schnell abgehan-

delt, so dass Sie lieber auf jeden Fall anwesend sein sollten, wenn
es für Sie interessant zu werden scheint. Die Gebote beginnen mit
dem Limitpreis, das heißt mit dem untersten Preis, zu dem das Objekt vom Einlieferer aus versteigert werden darf. Dann wird zumeist in zehnprozentigen Schritten nach oben gegangen. Liegt der

Pendule, Frankreich um 1798 Bronze vergoldet und bruniert. Motiv: Atala befreit Chactas (nach dem Roman von Chateaubriand: Atala). Höhe 40 cm. Ankerhemmung. Schlossscheibenschlagwerk für volle und halbe Stunden. Gangdauer 1 Woche. Wert ca. DM 36 000

Limitpreis zum Beispiel bei DM 100 bedeutet dies also, das nächste Gebot ist DM 110, dann folgen DM 120 usw. Achtung: Dies geht oft sehr schnell, gerade Auktionsneulinge laufen hier Gefahr, gar nicht erst zum Zuge zu kommen! Reaktionsfähigkeit ist also durchaus gefragt! Steht ein Gebot, so folgen drei Aufrufe des Auktionators – das berühmte »zum ersten, zum zweiten, zum dritten«. Der dritte Aufruf wird von einem Hammerschlag begleitet und der Zuschlag ist gefallen – es sei denn natürlich, jemand hat das letzte Gebot noch überboten! Wenn der Zuschlag gefallen ist, so notiert der Auktionator bzw. sein Assistent die Nummer des Höchstbieters sowie auch diejenige des Zweiten, falls der Höchstbieter aus irgendeinem Grund – zum Beispiel Überschätzung der eigenen Kaufkraft – vom Erwerb zurücktreten muss. Dann folgt das nächste Stück.

Haben Sie das Objekt Ihrer Begierde ersteigert, so können Sie es in der Regel gleich mitnehmen. Die Bezahlung muss dabei jedoch zumeist in bar erfolgen, viele Auktionshäuser akzeptieren Schecks, ec- oder Kreditkarten nur nach vorheriger Absprache oder bei besonders guten Kunden. Zu zahlen ist neben dem Zuschlagspreis auch das sogenannte Aufgeld, die Provision des Auktionshauses, die in der Regel zwischen 15 und 20 % liegt. Dazu kommt noch die Mehrwertsteuer, die bei Kunst 7 %, bei Antiquitäten 16 % beträgt. Viele Auktionshäuser berechnen ein pauschales Aufgeld von zumeist 22,5 %, in dem sowohl Provision als auch Mehrwertsteuer enthalten sind. Berücksichtigen Sie dies also, wenn Sie die Höchstumme, die Sie zu bieten bereit sind, festlegen!

Auf den Versteigerungspreis kommt noch das Aufgeld

Was ist nun aber, wenn Sie am Besuch einer Auktion verhindert sind, aber im Katalog trotzdem Ihr absolutes Traumobjekt gesehen haben? Am besten ist es natürlich, Sie schicken einen Menschen, dem Sie vertrauen, an Ihrer Stelle auf die Auktion, denn persönliches Bieten ist immer am vorteilhaftesten. So können Sie bzw. Ihr Gewährsmann Ihre Konkurrenten am besten unter die Lupe nehmen und flexibel reagieren, wenn der Preis plötzlich in unerwartete Höhen schnellen sollte. Auch können Sie sich immer noch nach einem Ersatzobjekt umsehen, falls Sie Ihr Wunschobjekt nicht erhalten. Haben Sie aber absolut keine Zeit bzw. finden Sie keinen Gewährsmann, so bleiben Ihnen noch zwei andere Möglichkeiten: schriftliches und telefonisches Bieten.

Beim schriftlichen Bieten – übrigens eine häufigere Form der Teilnahme als man zunächst annehmen möchte – gibt man die maximale Höchstsumme an, die man für ein Objekt zu zahlen bereit ist. Das hat den Vorteil, dass Sie sich diese Summe in Ruhe zu Hause in Ihrem bequemen Sessel überlegen können und nicht im Eifer des Gefechtes Kalkulationen wie »Kann ich mir das noch leisten?« anstellen müssen. Die Auktionshäuser sind verpflichtet, sich an die von Ihnen angegeben Summe zu halten. Ein Beispiel zur Verdeutlichung: Sie haben sich ein Gemälde in den Kopf gesetzt, dessen Limitpreis bei DM 1000 liegt. Sie sind jedoch bereit,

Schriftliches Bieten, wenn Sie nicht live dabei sind

bis zu 3000 DM für das Bild zu zahlen und haben diese Summe in Ihrem schriftlichen Gebot als Höchstsumme angeboten. Überraschenderweise liegt aber das letzte Gebot bei DM 2400, niemand überbietet dies mehr – außer natürlich Ihnen! Sie müssen dann jedoch keineswegs die von ihnen genannten DM 3000 für das Gemälde bezahlen, sondern lediglich die Summe, die das letzte Gebot übertrifft – also DM 2500. Sollte der Preis allerdings auf über DM 3000 in die Höhe getrieben werden, so sind Sie aus dem Rennen und der Zuschlag geht an jemanden anderen. In der Regel müssen schriftliche Gebote dem Auktionshaus 24 Stunden vor Auktionsbeginn als Brief oder Fax vorliegen, damit sie noch berücksichtigt werden können.

Entscheiden Sie sich für das telefonische Bieten, so sind Sie telefonisch mit dem Assistenten des Auktionators verbunden, der dann in Ihrem Auftrag mit entsprechenden Handzeichen mitsteigert. Um auf diese Weise an einer Auktion teilnehmen zu können, muss man in der Regel vorher einen Antrag an das Auktionshaus stellen, in dem man die Katalognummer des gewünschten Objekts und natürlich die Telefonnummer, unter der man erreichbar ist, angibt. Häufig ist dieser Service aber auf gute Kunden des Auktionshauses bzw. nur auf teurere Objekte beschränkt.

Versteigerungen im Internet Nicht unterschätzt werden darf natürlich auch das Internet, das Kommunikation mit aller Welt ermöglicht. Bereits heute kann man im Internet fast alles ersteigern, was auch in realen Auktionshäusern angeboten wird. Diese neue Möglichkeit lassen sich auch die renommierten Auktionshäuser nicht entgehen. Bei Internet-Auktionen muss sich der Bieter erst einmal per eMail registrieren lassen und erhält dann ein Kennwort oder eine Bieternummer, mit der er sich an der Versteigerung beteiligen kann. Die Gebote werden ebenfalls per eMail an das Auktionshaus übermittelt. Nach Eingang eines Gebotes informiert der Auktionator den neuen Höchstbieter und den überbotenen über die neue Entwicklung der Versteigerung. So kann es sich schon einmal bis zu 14 Tage hinziehen, bis der virtuelle Hammer zum dritten Mal zuschlägt. Die

DER ANTIQUITÄTENKAUF

Bezahlung erfolgt ebenfalls online mittels Kreditkarte. Wer seine Kreditkartennummer aber nicht einfach so preisgeben will, kann sich häufig auch ein Zahlungsformular herunterladen und ausdrucken, so dass er die Einzugsermächtigung auf dem Postweg erteilen kann. Vor- und Nachteile solcher online-Auktionen liegen auf der Hand. Natürlich ist es sehr bequem, wenn man zu Hause vom Schreibtisch aus im Jogginganzug Objekte aus London oder New York ersteigern kann, andererseits bekommen Sie diese Objekte auch nur auf dem Computer-Monitor zu Gesicht, können sie also nicht selbst unter die Lupe nehmen. Wer nicht wirklich ganz genau weiß, was er will, tut sicher besser daran, sich selbst an Ort und Stelle zu begeben – ganz zu schweigen von der besonderen Atmosphäre einer Auktion, die einem am Schreibtisch natürlich auch verwehrt bleibt.

So läuft also eine Auktion für den Einkäufer ab. Was müssen aber nun diejenigen tun, die auf einer Auktion etwas versteigern lassen wollen? Zunächst einmal sei gesagt, dass Sie an Ihrem Kunstobjekt wohl mehr verdienen werden, wenn Sie es einem Händler bzw. privat zum Kauf anbieten – es sei denn, Sie besitzen ein sehr wertvolles, seltenes oder gerade angesagtes Objekt, um das sich eine Menge Leute streiten werden und so den Preis in die Höhe treiben. Allerdings ist das Verkaufen auf einer Auktion unkomplizierter, da Sie das Objekt lediglich einliefern müssen, den eigentlichen Verkauf aber das Auktionshaus übernimmt.

Wie kann ich selbst etwas versteigern lassen?

Bei der Einlieferung müssen Sie eine zumeist geringe Gebühr für die Aufnahme in den Katalog entrichten. Vorsicht: Lässt das Auktionshaus die Objekte für den Katalog extra fotografieren, können dafür Gebühren bis zu DM 500 anfallen – je nach Größe, notwendiger Beleuchtung usw. Erkundigen Sie sich also unbedingt vorher nach dem genauen Preis für die Katalogaufnahme und Fotografien, damit Sie später nicht aus allen Wolken fallen. Außerdem müssen

Sie eine Versicherungsgebühr entrichten, falls Ihrem Objekt etwa zustößt.

Viele Auktionshäuser sind spezialisiert

Wichtig ist auch die Wahl des Auktionshauses. Viele Häuser haben sich auf bestimmte Gebiete spezialisiert, erkundigen Sie sich nach diesen Fachgebieten. Wollen Sie ein wertvolles Stück versteigern lassen, so sind Sie mit einem großen, renommierten Auktionshaus am besten beraten, da dieser ein kaufkräftigeres Publikum anzieht als kleinere Häuser. Und dieses Publikum ist meistens auch gewillt, viel Geld auszugeben!

Den Limitpreis für Ihr Objekt können Sie in der Regel selbst festlegen. Dabei gilt: Lieber zu niedrig als zu hoch ansetzen, denn wenn Ihr Objekt etwas wert ist, wird sein Preis wie von selbst in die Höhe gehen. Pokern Sie jedoch von Anfang an zu hoch, laufen Sie Gefahr, auf Ihrem Kunstwerk sitzen zu bleiben.

Provisionen fürs Auktionshaus

Hat sich schließlich ein Käufer gefunden, so dürfen Sie dennoch nicht die ganze Kaufsumme einstecken. Denn auch das Auktionshaus will ja von etwas leben, und so erhält es eine Provision von 10 bis 20 % des Kaufpreises vom Einlieferer. Auch wenn Ihr Objekt nicht versteigert wird, verlangen viele Auktionshäuser noch eine Rückgangsprovision, die in der Regel zwischen 20 und 100 DM liegt. In gewissen Fällen kann es durchaus sein, dass Sie von einem Händler oder Privatkäufer mehr für Ihr Kunstobjekt erhalten hätten, als bei der Auktion letztendlich herausspringt.

 **Tipps und Tricks** Es macht schon allein Spaß, auf eine Auktion zu gehen und einfach nur die Leute zu beobachten. Zuerst gehen noch eine Vielzahl von Geboten für ein Objekt ein, dann werden es langsam weniger, bis am Schluss noch zwei Kontrahenten übrigbleiben, die beinahe eine Art persönliches Duell auszutragen scheinen. Die Atmosphäre im Saal wird immer gespannter, die Menge scheint kollektiv die Luft anzuhalten, damit ihr nur ja nichts entgeht, und atmet hörbar aus und der Applaus rauscht auf, wenn der Zuschlag gefallen ist.

DER ANTIQUITÄTENKAUF

Wer über eine gute Beobachtungsgabe verfügt, wird schnell einen Einblick in den diskreten Ablauf des Auktionsgeschäftes und seine subtilen Feinheiten erhalten. Dabei werden bald auch einige Tipps und Strategien deutlich, die nicht selten dazu dienen, Preise in die Höhe zu treiben oder Interesse an Objekten zu wecken, die eigentlich gar nichts Besonderes sind.

So kommt es nicht selten vor, dass Händler bei Objekten mitbieten, die sie selbst eingeliefert haben, nur um den Preis in die Höhe zu treiben, denn natürlich will jeder Händler auf einer Auktion nicht nur günstig einkaufen, sondern seine eigenen Stücke auch möglichst gewinnbringend wieder verkaufen.

Wie Preise künstlich nach oben getrieben werden

Eine besonders üble Praxis sind Händler, die sich zu Ringen zusammengeschlossen haben und nicht gegeneinander bieten. Für ein wertvolles Objekt gehen dann oft nur wenige Gebote ein und das Stück wird weit unter dem Schätzpreis verkauft. Das richtige Geschäft findet dann anschließend in einer Privatwohnung oder einem Hotelzimmer statt, wo dann die Mitglieder des Händlerringes den erworbenen Gegenstand unter sich versteigern oder ihn an andere weiterverkaufen. In Großbritannien führte diese Strategie 1968 zu einem handfesten Skandal in der Kunstwelt. Ein Händlerring hatte ein Gemälde des italienischen Künstlers Duccio di Buoninsegna für geradezu lächerliche 2 700 Pfund (damals etwa 25 000 DM) ersteigert und es anschließend für 150 000 Pfund (damals 1,44 Millionen DM) an die Londoner National Gallery weiterverkauft. Um eine solche Praxis künftig zu unterbieten, wurde 1969 der sogenannte »Auction Act« erlassen, der es Händlern verbietet, zum gemeinschaftlichen Nutzen auf das Bieten gegeneinander zu verzichten. Allerdings gilt dieses Gesetz natürlich nur in Großbritannien, in anderen Ländern kann es also durchaus noch solchen Vorfällen kommen.

Was Sie auf einer Auktion beachten müssen

Kaufen Sie Kunst und Antiquitäten auf einer Auktion, müssen Sie sich vor allem über Fragen der Haftung und Garantie im klaren sein. Viele Menschen sind irrtümlich der Meinung, allein die Tatsache, dass ein Gegenstand von einem renommierten Auktionshaus versteigert wird, sei Beweis für seinen Wert und seine Echtheit. Natürlich wird kein Auktionshaus grob fahrlässig handeln und wissentlich gefälschte Objekte versteigern, da es somit ja seinen Ruf (und damit seine finanzielle Grundlage) riskiert, doch ist es bei der Vielzahl der eingelieferten Objekte nicht immer möglich, Herkunft und Wert eines jeden Gegenstandes exakt zu kontrollieren. Die Auktionshäuser verlassen sich vielmehr auf die Angaben der Einlieferer und auf den Eindruck ihrer Mitarbeiter. So sind denn auch die Katalogbeschreibungen nicht als »zugesicherte Eigenschaften« im Sinne von §§ 459 ff. BGB zu verstehen und das Auktionshaus haftet nicht für offene oder versteckte Mängel. In ihren allgemeinen Geschäftsbedingungen weisen die Auktionshäuser explizit auf dieses Problem hin. So findet sich in den Versteigerungsbedingungen des Kunsthauses am Museum, Carola van Ham, in Köln der folgende Absatz:

Eingeschränkte Haftung und Garantie

»Die zu versteigernden Sachen sind gebraucht, sie werden in dem Zustand angeboten, in dem sie sich zum Zeitpunkt des Aufrufs befinden. Die nach bestem Wissen und Gewissen vorgenommenen Katalogbeschreibungen sind keine zugesicherten Eigenschaften im Sinne des Kaufrechts. Das Kunsthaus am Museum übernimmt keine Haftung für Mängel, soweit es die ihm obliegenden Sorgfaltspflichten erfüllt hat.«

Reklamationsfrist

Lediglich gegenüber dem Einlieferer können Reklamationen geltend gemacht werden, bei denen die meisten Auktionshäuser vermitteln, so dass es nicht zu gerichtlichen Auseinandersetzungen kommt. Allerdings gilt hier in der Regel nur eine Reklamationsfrist von 21 Tagen. Wer also einen Gegenstand ersteigert hat, an dessen Echtheit er ernsthafte Zweifel hegt, tut gut daran, dies so schnell wie möglich zu klären, da er nach Ablauf dieser Frist keinerlei Ein-

70

spruch auf Rückerstattung der Kaufsumme hat. Geradezu revolutionär scheint dagegen die 1973 von der New Yorker Sotheby's-Filiale eingeführte Garantie für die Entstehungszeit eines Werkes. Neue chemische und physikalische Untersuchungsmethoden ermöglichen eine exakte Datierung von Werken, so dass jeder Käufer sicher sein kann, dass das erstandene Objekt tatsächlich aus der angegebenen Zeit, wenn auch nicht unbedingt vom genannten Künstler stammt. Wenn sich ein Werk im nachhinein als bewusste Fälschung herausstellt, kann der Kauf annulliert werden. Allerdings gilt diese Garantie nur für fünf Jahre und auch nur für den Erstkäufer des Werkes. Diese Garantie wurde 1977 von der New Yorker Christie's-Filiale noch übertrumpft, indem sie den Garantiezeitraum auf sechs Jahre ausdehnte. In Deutschland allerdings gibt es noch keine solchen Echtheitsgarantien. Sollten einmal Probleme mit einem ersteigerten Objekt auftreten, so können Sie sich an den Bundesverband des Deutschen Kunst- und Antiquitätenhandels (BDKA) wenden, der gerne als Schiedsrichter fungieren wird (Adresse siehe Anhang).

Garantiefristen auf Echtheit

Damit später niemand enttäuscht sein muss, wenn sich herausstellt, dass ein Werk, das im Auktionskatalog mit »Picasso« bezeichnet war, gar nicht vom Meister selbst stammt, ist es wichtig, den Auktionskatalog lesen zu können. Dazu muss man einen jahrhundertealten aus London stammenden Code kennen, mit dem die Auktionshäuser ihre Objekte bezeichnen:

Zuschreibungscode in Auktionskatalogen

- Der Name des Künstlers ist voll ausgeschrieben: Pablo Picasso. Dies bedeutet, dass das Auktionshaus von der Echtheit des Werks überzeugt ist.
- Der Vorname wird abgekürzt, es steht lediglich der Anfangsbuchstabe mit Punkt da: P. Picasso. Das heißt, das Auktionshaus bezweifelt zwar die Echtheit des Werkes, kann dies aber nicht beweisen.
- Der Vorname fehlt ganz: Picasso. Dies bedeutet, dass das Auktionshaus überzeugt ist, dass das Werk von einem stilistischen Nachfolger stammt.

Diese drei Kategorien von Bezeichnungen haben eine lange Tradition und sollten dem Auktionsneuling unbedingt bekannt sein, damit dieser nicht auf die Nase fällt.

Das Kunsthaus am Museum, Carola van Ham, (KaM) in Köln ist bei seinen Bezeichnungen schon etwas deutlicher und spezifischer. In den Erläuterungen zum Katalog werden folgende sechs Kategorien unterschieden:

- **Name ohne Zusatz:** Der Meinung des KaM nach ein zweifelsfreies Werk des angegebenen Künstlers.
- **Zugeschrieben:** Der Meinung des KaM nach wahrscheinlich in Gänze oder in Teilen ein Werk des angegebenen Künstlers.
- **Werkstatt/Schule:** Der Meinung des KaM nach aus der Werkstatt des angegebenen Künstlers, vermutlich unter seiner Aufsicht.
- **Umkreis:** Der Meinung des KaM nach ein zeitgenössisches Werk, das den Einfluss des angegebenen Künstlers zeigt.
- **Art des:** Der Meinung des KaM nach ein Werk im Stil des angegebenen Künstlers zu späterer Zeit.
- **Nach:** Der Meinung des KaM nach eine Kopie eines Werkes des angegebenen Künstlers.

Ähnlich verhält es sich mit Epochenangaben. Findet sich bei einem Schrank die Angabe »im Barockstil«, so sieht dieser Schrank zwar aus wie ein Barockschrank, wurde aber zu einer späteren Zeit gefertigt.

In den vorherigen Abschnitten haben Sie nun schon die wichtigsten Informationen zu Auktionen sowie einige Tipps und Warnungen erhalten. Damit Ihnen auch ganz gewiss kein Fehler unterläuft, finden Sie hier nun noch vierzehn goldene Regeln für die Vorbereitung und den Besuch einer Auktion.

Was muß ich beim Einstieg in den Kauf und Verkauf von Antiquitäten beachten?

Auch wenn ein Gegenstand auf einer Auktion angeboten wird, so bedeutet dies noch lange nicht, dass er auch wertvoll ist. Selbst renommierte Auktionshäuser nehmen problematische Füllware in ihre Kataloge auf. Häufig arbeiten sie nämlich bereits jahrelang mit denselben Einlieferern zusammen und werden so einen Einlieferer, der ihnen immer tadellose und wertvolle Objekte anbietet, nicht enttäuschen, wenn er einmal mit einem minderwertigen Objekt ankommt. Schließlich will niemand einen guten Kunden verlieren!

1. Nicht alles, was alt ist, ist wertvoll

Auch versuchen viele Händler, Ladenhüter oder Fehlkäufe, die sie sonst nicht mehr loswerden, auf einer Versteigerung an den Mann bzw. die Frau bringen, frei nach dem Motto: »Im Eifer des Gefechts wird sich schon ein Dummer finden.« Deshalb sollten die auf Auktionen angebotenen Objekte sorgfältig geprüft werden.

Die Termine von Auktionen erfahren Sie aus der lokalen Presse bzw. aus Fachzeitschriften wie der *Antiquitäten-Zeitung.* Wichtig sind jedoch nicht nur Zeit und Ort der Versteigerung, sondern auch, welche Art von Ware dort unter den Hammer kommt. Unterschieden wird dabei zwischen drei Hauptbereichen:

2. Information ist das A und O

- **Kunst:** Dazu zählen Malerei, Grafik und Skulptur.
- **Antiquitäten:** Dazu gehören Möbel, Silber, Glas, Porzellan, Zinn, Uhren, Teppiche.

- **Varia:** Darunter versteht man Spielzeug, Puppen, Volkskunst, technische Apparate u.ä.

Haben Sie eine Auktion gefunden, die Sie interessiert, so fordern Sie beim Auktionshaus den Katalog an. **Vorsicht:** Je nach Ausstattung kann dieser bis zu 40 DM kosten!

Studieren Sie den Katalog gründlich und überprüfen Sie die darin gemachten Angaben. Im Gegensatz zu Händlern müssen die Auktionshäuser nämlich keine Garantie für die Richtigkeit der Angaben im Katalog geben. Zwar lassen die Auktionshäuser die eingelieferten Gegenstände noch durch ihre Experten prüfen, doch ist es bei der Fülle und Verschiedenartigkeit der eingelieferten Objekte oftmals nicht möglich, alle Angaben genau nachzuprüfen. Die Auktionshäuser müssen also auf die Ehrlichkeit der Händler vertrauen. Finden sich zum Beispiel im Katalog Literaturhinweise zu einem Objekt, so prüfen Sie diese nach! Je besser Sie vorher über einen Gegenstand informiert sind, desto sicherer können Sie später sein, keine Fehlinvestition gemacht zu haben.

Notieren Sie sich gleich die Nummern der für Sie interessanten Objekte, so haben Sie diese sofort parat, wenn Sie erst einmal an Ort und Stelle sind.

Gerade wenn Sie noch unsicher sind, zögern Sie nicht, das Auktionshaus im Vorfeld telefonisch um Rat zu fragen. Man wird Ihnen sicherlich gerne weiterhelfen, denn das Haus ist ja schließlich daran interessiert, neue Kunden zu gewinnen.

3. Nutzen Sie unbedingt die Vorbesichtigung

Die Vorbesichtigung der zu versteigernden Objekte ist gesetzlich vorgeschrieben, denn schließlich soll ja niemand gezwungen werden, die Katze im Sack zu kaufen. Gehen Sie also unbedingt zu den Vorbesichtigungsterminen, denn nur dort können Sie Ihr Wunschobjekt ungehindert unter die Lupe nehmen. Nur hier können Sie noch so manchen Mangel entdecken, den das Foto im Katalog

DER ANTIQUITÄTENKAUF

geschickt verborgen hat. Besondere Beachtung sollten Sie hierbei dem Material und dem Erhaltungszustand des Gegenstandes schenken. Weist das Objekt Mängel auf, die durch Restaurierung oder Aufarbeitung behoben werden können, so wirkt sich dies beim Kauf zwar zunächst günstig aus, doch kommen diese Kosten natürlich später auf Sie zu!

Bei den Vorbesichtigungen sind immer auch Experten des Auktionshauses anwesend. Zögern Sie nicht, diese anzusprechen und um Rat zu fragen, besonders wenn Sie glauben, einen offensichtlichen Mangel an einem Objekt entdeckt zu haben. Man wird Ihnen gern Auskünfte erteilen.

Informationen über die Versteigerungsbedingungen finden Sie in den »Allgemeinen Geschäftsbedingungen« des Auktionshauses, die im Auktionskatalog abgedruckt sind. Dort sind u. a. festgelegt:

4. Informieren Sie sich über die Versteigerungsbedingungen

- Haftung für Objekte bzw. eventuelle Mängel
- Höhe des Aufgeldes
- Zahlungsmodus
- Verfahren bei Zahlungsverzug
- Abholung bzw. Versand der versteigerten Objekte
- Zuschlagsbedingungen
- Verfahren bei schriftlichem und telefonischem Bieten

Es ist auf jeden Fall ratsam, diese Geschäftsbedingungen vor dem Besuch der Auktion zumindest durchzulesen, so dass Sie später keine Enttäuschung erleben, wenn Sie zum Beispiel nur Kreditkarten dabeihaben, das Auktionshaus aber auf Barzahlung pocht.

5. Verschaffen Sie sich einen Marktüberblick

Für das Einkaufen auf Auktionen gilt natürlich dasselbe wie für den Kauf von Kunst und Antiquitäten im allgemeinen. Beschäftigen Sie sich intensiv mit Ihrem Fachgebiet; Branchenkenntnisse sind das A und O für alle, die auf dem Kunstmarkt überleben wollen. Hier finden Sie noch einmal kurz die wichtigsten Tipps zusammengefasst:

- Entwickeln Sie ein Gespür für den Kunstmarkt!
- Informieren Sie sich über Ihr Sammelgebiet!
- Informieren Sie sich über den Kunsthandel!
- Suchen Sie den Kontakt zu Gleichgesinnten, anderen Sammlern und Fachleuten!
- Schulen Sie Ihr Auge für Qualität und prüfen Sie die Qualität eines Objektes!
- Stellen Sie Preisvergleiche an und achten Sie auf ein angemessenes Preis-Leistungs-Verhältnis!

Im konkreten Fall heißt das: Haben Sie in einem Auktionskatalog ein Objekt entdeckt, das Ihnen gefällt, und dieses auch bei der Vorbesichtigung persönlich in Augenschein genommen, so sollten Sie unbedingt Preisvergleiche anstellen. Dabei können Ihnen Besuche bei Antiquitätenhändlern und anderen Auktionshäusern, das Studium von Auktionspreisbüchern und der Rat von Experten und Fachleuten helfen. Auch allgemeine Informationen über die Epoche, aus der Ihr Wunschobjekt stammt, können Ihnen bei der Einschätzung des Stückes behilflich sein. Wer über ein gutes Preisgefühl verfügt, kann sichergehen, dass die Summe, die er für ein Kunstobjekt ausgegeben hat, angemessen ist. Und wer weiß, vielleicht hat ja der Einlieferer sein Objekt maßlos überschätzt und vergleichbare Stücke sind anderswo viel billiger zu erhalten? Auch die Qualität des Stückes sollten Sie mit der von Objekten in der gleichen Preiskategorie vergleichen. Als Anhaltspunkte können dabei auch Besuche in Museen, Galerien und auf Messen helfen. Nur wenn Sie absolut sicher sind, dass es sich lohnt, für ein Auktionsobjekt zu bieten, sollten Sie an der Versteigerung teilnehmen.

Sind Sie von der Qualität und dem Wert Ihres Wunschobjektes überzeugt, so können Sie mit gutem Gewissen die Auktion besuchen und

6. Setzen Sie sich ein persönliches Preislimit – und vor allem: Halten Sie sich daran

mitbieten. Eines sollten Sie sich jedoch noch gründlich überlegen, bevor Sie sich ins Auto setzen und losfahren: wieviel Sie zu bieten bereit sind. Die in den Katalogen angegebenen Preise sind Schätzpreise und können nur als grobe Anhaltspunkte genommen werden. Dazu kommt noch das sogenannte Aufgeld, die Provision des Auktionshauses (in der Regel 15 bis 20 % des Schätzpreises) und die Mehrwertsteuer (7 % für Kunst, 16 % für Antiquitäten). Viele Auktionshäuser berechnen auch ein pauschales Aufgeld von zumeist 22,5 %, in dem sowohl Provision als auch Mehrwertsteuer enthalten sind. Ein Beispiel: Erhalten Sie den Zuschlag für ein Gemälde bei 1000 DM, so sind dazu noch 150 bis 200 DM Aufgeld sowie noch etwa 80 DM Mehrwertsteuer zu zahlen. Das Gemälde kostet Sie also im Endeffekt fast 300 DM mehr als der eigentliche Zuschlagspreis. Dies sollten Sie bei Ihrer Kalkulation von Anfang an im Auge haben, denn je höher die Preise steigen, desto höher werden auch Aufgeld und Mehrwertsteuer. Nur so erleben Sie beim Bezahlen keine unangenehmen Überraschungen!

Haben Sie sich ihr persönliches Preislimit gesetzt, so halten Sie sich bitte auch daran. Dieser Ratschlag mag sich jetzt zwar albern anhören, doch hat sich schon so mancher Kunstliebhaber im Eifer des Gefechts vom allgemeinen Auktionsfieber anstecken lassen, alle guten Vorsätze über Bord geworfen und sich in immer höhere Preisregionen treiben lassen. Neigen Sie zu einem solchen Fanatismus, dann notieren Sie sich am besten Ihr Preislimit groß und rot neben dem Schätzpreis in Ihren Unterlagen oder noch besser: Nehmen Sie jemanden mit, der im Falle eines Falles die Notbremse ziehen kann!

7. Halten Sie während der Auktion die Augen offen

Ist das Geschehen erst einmal in vollem Gange, so beobachten Sie doch einmal die anderen Bieter. Studieren Sie die Gesten der Etablierten: Oft bekunden diese schon durch ein bloßes Augenzwinkern oder Nicken ihr Interesse an einem Objekt. Sie werden überhaupt merken, wie diskret eine Auktion abläuft: Kein wildes Durcheinanderschreien, das Bieten wird lediglich durch das Heben des Kärtchens mit der Bieternummer oder mit dem Arm oder Finger signalisiert. Durch aufmerksames Beobachten lernen Sie nicht nur die Abläufe einer Versteigerung kennen, sondern auch Ihre Konkurrenten – und die sollten Sie immer im Auge behalten. Vielleicht ist derjenige, der mit Ihnen um die silberne Taschenuhr zu wetteifern scheint, ja in Wirklichkeit der Einlieferer selbst, der versucht, auf diese Weise den Preis für sein Objekt in die Höhe zu treiben?

Lernen Sie, die Auktionsstimmung realistisch einzuschätzen: Gibt es Objekte, auf die die Aufmerksamkeit der Anwesenden konzentriert ist? Ist das Publikum eher gelassen oder durchzieht eine nervöse Spannung den Raum? Wer sind die Fanatiker unter den Bietenden, die gewillt sind, mit ihren Geboten bis in schwindelerregende Höhen hinaufzusteigen? Haben Sie sich erst einmal einen Überblick über die allgemeine Atmosphäre der Versteigerung verschafft, so wird es Ihnen leichter fallen, Ihr eigenes Verhalten auf die anderen Bieter abzustimmen.

8. Setzen Sie sich nach vorn

Natürlich können Sie von einem Platz in den hinteren Reihen unauffälliger Ihre Beobachtungen anstellen, doch wenn Sie sich aktiv an der Auktion beteiligen möchten, ist ein Platz weiter vorne angebrachter. Hier spielt sich der Großteil des Geschehens ab und Sie können ganz sicher sein, dass der Auktionator Ihr Gebot auch bestimmt nicht übersieht.

9. Bieten Sie früh mit

Wer früh ins Bieten einsteigt, signalisiert sehr deutlich sein Interesse an einem Objekt und kann dadurch eventuell bereits Konkurrenten abschrecken. Wer zu lange abwartet, läuft außerdem Gefahr, dass plötzlich ein Zuschlag fällt, ohne dass man selbst überhaupt schon mitgeboten hat. Steigen Sie bei einem Objekt, das Sie wirklich haben wollen, also frühzeitig ins Geschehen ein!

10. Vermeiden Sie Bieterschlachten

Bieterschlachten sind zwar für Unbeteiligte sehr interessant und unterhaltsam zu beobachten, doch sollten Sie sich nach Möglichkeit nicht in so etwas hineinziehen lassen. Zu leicht neigt man dann dazu, sein persönliches Preislimit zu vergessen und sich in einen Kaufrausch hineinzusteigern. Niemand erfährt gerne eine Niederlage und wer einmal vom Auktionsfieber ergriffen wurde, wird das Objekt seiner Begierde nur ungern einem anderen überlassen. Die Auktionspreise werden dadurch in lächerliche Höhen getrieben, nur weil – deutlich gesagt – zwei Dickschädel unbedingt ihren Kopf durchsetzen wollen. Hier gilt ein altbewährtes Sprichwort: Der Klügere gibt nach. Denn die einzigen, die von solchen Bieterschlachten profitieren, sind das Auktionshaus, dessen Provision mit dem Zuschlagspreis in die Höhe schnellt, und natürlich der Einlieferer. Und wer kann Ihnen garantieren, dass Ihr hartnäckiger Konkurrent nicht genau dieser Einlieferer selbst ist, der maximalen Profit für sich herausschlagen will? Bewahren Sie also immer einen kühlen Kopf. Selbst wenn Sie Ihr Wunschobjekt dieses Mal nicht bekommen, geht die Welt nicht unter!

11. Folgen Sie der Auktion aufmerksam

Auch wenn Objekte versteigert werden, an denen Sie kein Interesse haben, sollten Sie nicht einfach abschalten und vor sich hinträumen. Folgen Sie vielmehr dem Geschehen aufmerksam. Dazu gehört neben dem bereits erwähnten Beobachten der Konkurrenz auch das Notieren des tatsächlichen Zuschlagspreises. Schreiben Sie diesen am besten in Rot neben den Schätzpreis in den Auktionskatalog oder auf die Auktionsliste. Auf diese Weise können Sie Ihr Kunstarchiv erweitern und haben auch später noch Zugriff auf aktuelle Auktionspreise.

12. Vorsicht bei Zuschlag unter Vorbehalt

Findet sich für ein Objekt kein Käufer, so versteigert das Auktionshaus dieses manchmal unter dem Limitpreis, mit dem Zusatz »unter Vorbehalt.« Haben Sie ein solches Objekt erstanden, sollten Sie sich nicht zu früh freuen, denn ein solcher Verkauf bedarf stets der Zustimmung des Einlieferers. Es kann also gut sein, dass dieser es lieber noch einmal auf einer anderen Auktion versucht, als dass er das Stück unter Wert verkauft. Vielleicht versucht der Einlieferer auch, das Objekt privat anzubieten, bevor er seine Zustimmung erteilt. Dann lässt seine Einwilligung in den Verkauf unter dem Limitpreis häufig noch Wochen auf sich warten.

13. Nehmen Sie ein ersteigertes Objekt nicht gleich mit!

In der Regel muss man ersteigerte Gegenstände zwar gleich mitnehmen (nach Bezahlung, versteht sich), doch wo es möglich ist, sollte man dies vermeiden. Im allgemeinen Getümmel nach einer Auktion kann leicht etwas zu Bruch gehen, und ist ein Gegenstand erst einmal verkauft, lehnen viele Auktionshäuser jegliche Haftung ab. Fragen Sie deshalb nach, ob es möglich ist, das ersteigerte Objekt zum Beispiel am nächsten Tag abzuholen, wenn in das Auktionshaus wie-

80

der Ruhe eingekehrt ist. Überwachen Sie nach Möglichkeit auch die Verpackung des Gegenstandes, denn durch unsachgemäße Behandlung kann es leicht zu Schäden kommen. Einige Auktionshäuser versenden die ersteigerten Gegenstände auf Wunsch der Käufer auch. Allerdings sind die Bedingungen hier äußerst unterschiedlich. So übernehmen einige Auktionshäuser zum Beispiel auf schriftlichen Wunsch des Käufers die Transportversicherung des Objektes, andere wiederum lehnen jede Haftung ab. Lesen Sie hierzu die Versteigerungsbedingungen des jeweiligen Auktionshauses.

14. Zu guter Letzt: Ergebnislisten anfordern

Wem es zu mühsam ist, während der Auktion mitzuschreiben, der kann in der Regel ab dem ersten Werktag nach der Auktion beim Auktionshaus die Ergebnislisten anfordern. Ein Anruf genügt hierzu zumeist, häufig sind die Auktionsergebnisse auch per Faxabruf erhältlich. So können Sie die Versteigerung noch einmal in Ruhe zu Hause durchgehen und nachbereiten. Vergleichen Sie die Zuschlagspreise mit den Angaben in Ihrer Fachliteratur, in Sammlerkatalogen und Auktionspreisbüchern. Werfen Sie die Ergebnislisten danach nicht weg, sondern archivieren Sie sie – so haben Sie vor Ihrem nächsten Auktionsbesuch schon einmal eine Orientierungshilfe!

Wenn Sie sich diese vierzehn goldenen Regeln zu Herzen nehmen, sind Sie auf dem besten Weg, ein echter Auktionsprofi zu werden. Jedoch hilft alle Theorie nichts, wenn sie nicht durch praktische Erfahrungen verstärkt wird. Worauf warten Sie also noch? Nichts wie ab ins nächste Auktionshaus!

Der Kunst- und Antiquitätenhandel

Neben dem Kauf auf Auktionen ist der Fachhandel die erste Adresse für den Kauf von Antiquitäten.

Sind Sie auf der Suche nach einem ganz bestimmten Objekt, fühlen sich jedoch nicht als Auktionsprofi, so bietet sich der Besuch eines Antiquitätenhändlers an. Häufig sind Antiquitätengeschäfte auf ein Gebiet wie zum Beispiel Taschenuhren, Zinn oder Biedermeiermöbel spezialisiert und die Händler absolute Experten auf diesem Gebiet. Diese können Sie dann gezielt nach dem gesuchten Objekt befragen. Da auch Händler ihre Waren größtenteils auf Auktionen einkaufen, können Sie sie auch ganz gezielt beauftragen, nach ihrem Wunschobjekt Ausschau zu halten. Da der Händler mit Ihnen einen sicheren Abnehmer hat, wird er dies gerne für Sie tun.

Der Verbraucherschutz ist beim Händler größer als bei Auktionen

Ein weiterer Vorteil des Einkaufs bei einem spezialisierten Händler ist, dass Sie häufig die Auswahl aus mehreren vergleichbaren Gegenständen haben – also eine echte Wahl treffen können. Gerade bei Möbelstücken ist durchaus auch einmal eine Aufstellung zur Probe möglich, so dass Sie später nicht enttäuscht sein müssen, wenn die Barockkommode in Ihrer kleinen Wohnung viel zu wuchtig wirkt. Da Händler häufig direkt von Privat kaufen, ist die Qualität der Objekte teilweise höher als die von Auktionsware. Außerdem müssen Antiquitätenhändler – im Gegensatz zu Auktionshäusern – sechs Monate Garantie auf alle Objekte geben. Diese Garantie beinhaltet auch die Echtheit. Hegen Sie also Zweifel an der Echtheit oder Herkunft eines erworbenen Gegenstandes, so bleibt Ihnen genügend Zeit, Fachleute hinzuzuziehen und Nachforschungen und Untersuchungen anstellen zu lassen. Der Verbraucherschutz ist beim Händlerkauf also größer als beim Kauf auf Auktionen.

Ein Nachteil des Kaufes bei Antiquitätenhändlern liegt darin, dass Sie hier zumeist mehr bezahlen müssen als im Auktionshaus.

Wie bereits erwähnt, kaufen Händler auch größtenteils auf Auktionen ein und schlagen dann beim Verkauf noch einiges auf, denn sie müssen ja auch Gewinn machen. Dafür ist jedoch der Service besser. Sie können zum Beispiel zu einem Händler sagen, dass Sie ein Stück nur nehmen, wenn eventuelle Mängel vor dem Kauf behoben werden. Dies ist bei einem Auktionshaus nicht möglich. Dafür wirken sich vom Händler bzw. von Fachleuten vorgenommene Aufarbeitungen und Restaurierungen natürlich auch wieder auf den Preis aus. Insgesamt kann es vorkommen, dass Sie für ein Objekt bei einem Antiquitätenhändler bis zu 100% mehr zahlen müssen als auf einer Auktion. Um ein gutes Preisgefühl zu erwerben, sind Händlerpreise deshalb auch nicht so sehr geeignet. Auch werden beim Einkauf im Antiquitätenhandel die Preise zumeist in trauter Zweisamkeit ausgehandelt und dringen nur selten an die Öffentlichkeit. Halten Sie sich bei Ihren Preisstudien und –vergleichen also lieber an Auktionspreisbücher, Sammlerkataloge und die Ergebnislisten von Versteigerungen.

Allerdings ist es nicht ganz einfach, seriöse Händler von weniger seriösen zu unterscheiden. Kunst- oder Antiquitätenhändler ist nämlich keine geschützte Berufsbezeichnung, grob gesagt kann sich jeder so nennen, der Gegenstände verkauft, die im weitesten Sinne als Kunst gelten können. Dass da so manches schwarze Schaf darunter ist, das sich einfach nur auf Kosten anderer bereichern möchte, ist dabei leider selbstverständlich. Um dieser Praxis entgegenzuwirken, haben sich die renommierten Händler im Bundesverband des Deutschen Kunst- und Antiquitätenhandels (BDKA) zusammengeschlossen. Besorgen Sie sich dessen Verzeichnis, bestimmt ist auch der eine oder andere Händler in Ihrer Nähe darin eingetragen. Die Mitglieder des BDKA haben einen Verhaltenskodex unterschrieben, mit dem Sie die Seriosität ihrer Branche gewährleisten möchten. So kann der Käufer sicher sein, dass das von ihm erworbene Objekt echt ist und auch einen einwandfreien Herkunftsnachweis (Provenienz) vorweisen kann. Im einzelnen lautet dieser Verhaltenskodex des BDKA:

»1. Der deutsche Kunsthandel wird sich nicht am Import, Export oder Handel mit solchen Gegenständen beteiligen, bei denen hinreichender Grund zu der Annahme besteht, dass

- der Verkäufer nach geltendem Recht nicht zur Verfügung über den Gegenstand berechtigt ist, insbesondere der Gegenstand mittels Diebstahl oder in anderer Weise unrechtmäßig erworben wurde;
- ein importierter Gegenstand in seinem Herkunftsland unter Verstoß gegen das dort geltende Recht erworben wurde;
- ein importierter Gegenstand ohne die erforderliche Erlaubnis ausgegraben oder aus Ausgrabungsstätten erworben wurde.

2. Der deutsche Kunsthandel verpflichtet sich darüber hinaus, kein Objekt auszustellen, zu beschreiben, zu begutachten, zu bewerten oder aufzubewahren in der Absicht, seinen unrechtmäßigen Handel oder Export (...) zu verhindern.

3. Im Rahmen der gegebenen rechtlichen Möglichkeiten wird sich der deutsche Kunsthandel ferner für die Rückführung gestohlener oder illegal ausgeführter Gegenstände in ihr Ursprungsland einsetzen, sofern der Nachweis unrechtmäßiger Ausführung erbracht worden ist, die Rückführung innerhalb angemessener Zeit verlangt und im Falle eines rechtmäßigen Erwerbs eine angemessene Entschädigung gewährt wird.

4. Der deutsche Kunsthandel befürwortet die Ziele der Artenschutzgesetze. Er wird sich auch künftig nicht am Handel mit Gegenständen aus artgeschützten Materialien beteiligen, die nach Verabschiedung des Washingtoner Artenschutzabkommens (CITES) hergestellt sind. Er wird seiner Deklarationspflicht nach den geltenden Artenschutz-Bestimmungen gewissenhaft nachkommen.

5. Der deutsche Kunsthandel wird auch sonst nichts unternehmen, was geeignet ist, den illegalen Handel oder Export von Kunstgegenständen zu fördern, vielmehr an dessen Hinderung nach Kräften mitwirken.

DER ANTIQUITÄTENKAUF

6. Verstöße gegen diesen Verhaltenskodex werden von den unterzeichneten Verbänden mit den ihnen zur Verfügung stehenden Mitteln ohne Ansehen der Person verfolgt.
7. Dieser Verhaltenskodex betrifft alle Gegenstände, die üblicherweise Gegenstand des Kunst- und Antiquitätenhandels sind. Die unterzeichneten Verbände werden ihre Mitglieder auf die Einhaltung dieses Kodex verpflichten.«

Mitglieder des BDKA verpflichten sich, nicht mit gestohlenen Waren zu handeln. Bei einem Händler, der dem BDKA angehört, können Sie sich also sicher über die Herkunft der Ware sein. Das heißt aber nicht automatisch, dass alle anderen Händler unseriös sind!

Was ist nun aber, wenn Sie ein Objekt unbedingt haben wollen, sich seiner einwandfreien Herkunft aber nicht sicher sind? »Das merkt doch niemand, dass ausgerechnet ich dieses Bild in meinem Wohnzimmer hängen habe«, werden Sie sich vielleicht denken. Ich kann Ihnen nur raten: Lassen Sie die Finger vom Kauf, wenn Sie Grund zu der Annahme haben, ein Objekt könnte vielleicht gestohlen sein! Im Gegensatz zu anderen europäischen Ländern (so auch teilweise in Österreich und der Schweiz) können Sie sich in Deutschland nämlich nicht darauf berufen, dass Sie fest überzeugt waren, die Ware auf legale Weise erworben zu haben (in der Rechtssprache heißt dies »Gutgläubigkeit«). Für solche Fälle sieht das deutsche Zivilrecht eindeutig vor, dass das Stück entschädigungslos zurückgegeben werden muß. Sie haben Ihr Geld also verloren, es sein denn, Sie verklagen den Händler. Doch auch dann werden Sie nur Recht bekommen, wenn Sie beweisen können, dass dieser ganz sicher über die illegale Herkunft des Objektes Bescheid wusste.

Ganz egal, wie sehr Sie einem Antiquitätenhändler vertrauen, Sie sollten immer auf einer möglichst detaillierten Rechnung bestehen. Diese sollte folgende Angaben enthalten:
- Name des Künstlers
- Name des Objekts

- Maße des Objekts
- Signatur
- Material
- Fertigungstechnik
- bei Grafiken o.ä.: Zahl der Auflagen bzw. Anzahl der Exemplare innerhalb der Auflage
- Zustand des Stückes und etwaige Restaurierungen
- Hinweis auf die Herkunft oder Vorbesitzer (Provenienz), Erwähnung in der Fachliteratur

Ist der Händler seriös, wird er Ihnen gerne eine solche detaillierte Rechnung erstellen.

Wollen Sie ein Objekt verkaufen, so ist es meist unkomplizierter, sich an ein Auktionshaus zu wenden. Allerdings zahlen Händler oft mehr. Liegt Ihnen ein konkretes Angebot eines Händler vor und haben Sie sich versichert, dass dies auch dem Wert des Objekts entspricht und Ihnen den erwarteten Gewinn bringt, spricht also nichts dagegen, Ihr Kunstwerk dem Händler Ihres Vertrauens zu verkaufen.

Weitere Möglichkeiten, Kunst und Antiquitäten zu erwerben

Neben den zwei großen Säulen des Kunstmarktes – Auktionen und Antiquitätenhandel – ist gerade in jüngster Zeit der Kunsthandel immer mehr aufgesplittert und es eröffnen sich zunehmend neue Möglichkeiten, Kunst zu erwerben.

Antiquitätenmärkte und Sammlerbörsen

Für all diejenigen unter Ihnen, die das Sammeln von Antiquitäten oder anderen Objekten als Hobby und Freizeitvergnügen betrachten, bieten sich Antiquitätenmärkte und Sammlerbörsen an. Ihr Niveau liegt zumeist eine Stufe unter den großen Kunst- und Antiquitätenmessen, auf die ich im vierten Kapitel näher eingehen werde. Dafür finden Sie hier aber ein breites Angebot und eine Vielzahl lokaler Händler. Die Preise entsprechen in etwa denen des Antiquitäteneinzelhandels. Bekannte Beispiele solcher Antiquitätenmärkte sind der zweimal jährlich (März und November) stattfindende Münchner Antiquitätenmarkt im Pschorr-Keller in München, die Internationale Sammler- und Antiquitätenausstellung (ISA) in Stuttgart (jährlich) und die Messe »Pfalz Antik« in Speyer.

Sammlerbörsen haben sich zumeist auf ganz bestimmte Sammelgebiete spezialisiert. Auf engem Raum finden Sie hier alles, was Ihr Sammlerherz höher schlagen lässt und Sie haben hier auch die ideale Gelegenheit, Gleichgesinnte kennenzulernen. In den jüngsten Jahre geradezu aus dem Boden geschossen sind Sammlerbörsen für Überraschungseier-Figuren oder Filmsammlerbörsen.

Wiederum eine Stufe niedriger als diese Antiquitätenmärkte sind die **Antik- und Trödelmärkte** ☞
zahlreichen Antik- und Trödelmärkte angesiedelt, die jedes Wochenende in zahlreichen Fabrikhallen stattfinden. Echte Kunst- und Antiquitätenfreunde seien jedoch gewarnt: Nur selten findet sich hier etwas, das älter als 100 Jahre ist. Besonders hüten sollte man sich vor Händlern, die Waren mit der Bedingung »nur an Wiederverkäufer« anbieten. Dann handelt es sich in aller Regel um Repliken. Auch bei den Preisen sollte man besonders gut aufpassen. Bei teuren Waren ist stets Vorsicht angebracht. Wenn hier überhaupt Schätze zu holen sind, dann nur für Frühaufsteher: Die wirklichen Geschäfte finden immer schon vor dem offiziellen Handelsbeginn statt.

Gute Geschäfte für Frühaufsteher

Sie sehen also, der Handel mit Kunst und Antiquitäten hat sich gerade in jüngster Zeit immer mehr diversifiziert und spezialisiert. Dadurch ist der Kunstmarkt natürlich um einiges unübersichtlicher geworden, andererseits belebt Konkurrenz das Geschäft und reguliert die Preise. Der Kunstmarkt ist letztendlich denselben Regeln unterworfen wie jeder andere Wirtschaftszweig auch.

Die besten Einkaufsadressen

Nachdem Sie nun genau erfahren haben, was Sie beim Kauf von Kunst und Antiquitäten beachten sollten und ich Ihnen verschiedene Erwerbsmöglichkeiten vorgestellt habe, können Sie sich jetzt also mitten ins Geschehen stürzen.

In diesem Kapitel werden renommierte Auktionshäuser und Antiquitätenhändler vorgestellt, um Ihnen den Anfang etwas zu erleichtern. Dabei stellt meine Auswahl jedoch keine Wertung dar. Geordnet sind die Einkaufsmöglichkeiten alphabetisch nach den jeweiligen Orten.

Auktionshäuser

Auktionshäuser sprießen in jüngster Zeit wie die Pilze aus dem Boden – sehen Sie doch einmal in ihrem örtlichen Branchenverzeichnis nach, Sie werden bestimmt auf das eine oder andere stoßen! Hier finden Sie renommierte Adressen.

Berlin

Galerie Gerda Bassenge

Wissenswertes
In einer traditionellen Gründerzeit-Villa in Berlin-Grunewald finden fünfmal im Jahr die Auktionen der Galerie Gerda Bassenge statt. Im einzelnen sind dies zwei Kunstauktionen, zwei Buchauktionen und eine Versteigerung von Fotografien.

Schwerpunkte und Kataloge
Zur Versteigerung stehen dabei u.a. Künstlerarbeiten aus allen Epochen auf Papier, wertvolle Bücher und Autographen. Zu allen Auktionen gibt die Galerie reichlich bebilderte und wissenschaftlich bearbeitete Kataloge heraus.

Preisniveau
Das Preisniveau des Auktionshauses bewegt sich zwischen DM 200 und 500 000.

Anschrift
Galerie Gerda Bassenge
Kunst- und Buchauktionen
Erdener Straße 5a
14193 Berlin
Tel. 0 30/8 92 90 13

Köln

Kunsthaus am Museum Carola van Ham

Wissenswertes

Das Kunsthaus am Museum, Carola van Ham, ist ein Familienunternehmen in der zweiten Generation. Gegründet wurde es 1959 von Carola van Ham-Eisenbeis, 1996 wurde es von deren Sohn Markus Eisenbeis übernommen. Achtmal im Jahr werden hier Auktionen durchgeführt. Im einzelnen sind dies: drei Auktionen »Alte Kunst«, zwei Auktionen »Kunst des 20. Jahrhunderts«, eine Auktion »Teppiche, Ausgrabungen, Asiatica« und zwei Auktionen »Dekorative Kunst«. Bei seinen Terminen bemüht sich das Auktionshaus, diese parallel zu wichtigen Veranstaltungen und Messen in der näheren Umgebung zu legen, so dass Kunstliebhaber ein konzentriertes Angebot vorfinden. So liegt die Frühjahrsauktion »Alte Kunst« in der Regel zeitgleich mit der TEFAF in Maastricht, die Auktion »Kunst des 20. Jahrhunderts« parallel zur Art Cologne.

Schwerpunkte und Kataloge

Wie man an den Bezeichnungen der Auktionen sehen kann, liegen die Schwerpunkte des Hauses auf Gemälden des 19. Jahrhunderts und auf Möbeln, doch auch die Bereiche »Kunst des 20. Jahrhunderts« und »Alte Meister« sind in jüngster Zeit stark ausgebaut worden. Führend in Deutschland ist Carola van Ham auf dem Gebiet der dekorativen Teppiche. So nennt das Auktionshaus Teppiche denn auch als ein Spezialgebiet.

Zu allen Auktionen erscheinen reichlich bebilderte Kataloge, zur Auktion »Dekorative Kunst« jedoch nur Listen. Erhältlich ist das Informationsmaterial jeweils drei bis vier Wochen vor der Auktion und kann beim Auktionshaus angefordert oder auch abonniert werden.

Preisniveau

Der preisliche Rahmen des Auktionshauses bewegt sich zwischen einigen wenigen Mark für dekorative Kunst bis zum bisherigen Hausrekord von 1,5 Millionen DM. Dieser Preis wurde im Oktober 1997 für das Ölgemälde »Der Hafen von Jaffa« von Gustav Bauernfeind (1848 – 1904) erzielt. Der Londoner Galerist Richard Green ersteigerte das Bild nach einem viertelstündigen Bietgefecht und zahlte somit den höchsten Preis, den ein Gemälde aus dem 19. Jahrhundert in Deutschland bisher erzielt hat.

Sonstiges

Über anstehende Auktionen und Termine des Auktionshauses informiert die

Kundenzeitschrift »Intern«: Hier finden Kunden Termine von Auktionen, Vorbesichtigungen und Einlieferungen, interessante Ergebnisse der letzten Auktionen sowie eine Vorschau auf anstehende Versteigerungen. Besonders wichtige und reizvolle Objekte werden hier in Wort und Bild von Experten ausführlich vorgestellt. Auch Schätzpreise sind hier bereit angegeben.

Außerdem verfügt das Auktionshaus über Repräsentanzen in den Benelux-Ländern, seit Mai 1998 auch in Hamburg und München.

Anschrift

Kunsthaus am Museum
Carola van Ham
Drususgasse 1-5
50667 Köln
Tel. 02 21/92 58 62-0
Fax 02 21/92 58 62-4
Internet: carola-van-ham.com

Köln

Kunsthaus Lempertz

Wissenswertes

Neben seinem hochwertigen Angebot und seinem guten Ruf als eines der führenden Auktionshäuser Europas kann das Kunsthaus Lempertz in Köln einen weiteren Titel für sich beanspruchen: Es ist das älteste Kunsthaus der Welt in Familienbesitz. 1845 gründete Mathias Lempertz in Bonn die erste Filiale des Kunsthauses und versteigerte dort Bücher. 1875 kauft Peter Hanstein den Firmennamen und verlagert das Geschäft nach Köln, wo es 1918 am Neumarkt sein Zuhause fand. Nach dem Zweiten Weltkrieg gelang es Lempertz erneut, sich als führendes westdeutsches Kunst- und Auktionshaus zu etablieren. Das Haus am Neumarkt wurde wieder aufgebaut, 1952 vollendet und steht heute unter Denkmalschutz. Als Ausstellungsforum für zeitgenössische Kunst wurde 1965 die Galerie Lempertz Contempora gegründet. 1984 wurde das Programm durch Beteiligung am Antiquariat Venator, das von nun an Venator und Hanstein hieß, noch einmal erweitert.

Als erstes europäisches Auktionshaus begann Lempertz 1908, ostasiatische Kunst zu versteigern. Daneben war das Auktionshaus auch das erste in Deutschland, das zeitgenössische Kunst sowie Photographica versteigerte (ab 1989). Und noch eine weitere Ausnahmestellung kann Lempertz für sich verbuchen: Als einziges deutsches Auktionshaus führt es auch Versteigerungen im Ausland durch. So kommt seit 1992 in der Brüsseler Niederlassung afrikanische und ozeanische Kunst unter den Hammer.

Schwerpunkte und Kataloge

Heute führt Lempertz 16 Auktionen pro Jahr durch, die in zwei Blöcken abgehalten werden. Die Frühjahrsauktionen finden dabei im Mai und Juni statt, die Herbstauktionen im November und Dezember. Schwerpunkte und Spezialgebiete des Auktionshauses sind dabei: alte Kunst (Gemälde, Zeichnungen und Skulpturen aus dem 15. bis 19. Jahrhundert), Kunstgewerbe, moderne Kunst, zeitgenössische Kunst, ostasiatische Kunst, Photographie sowie alte Bücher und Grafik von Venator & Hanstein.

Etwa drei bis vier Wochen vor dem jeweilige Auktionstermin erscheint der Katalog, der beim Auktionshaus angefordert werden kann.

Preisniveau

Bei seinen Preisen bewegt sich Lempertz in einer großen Spanne: von 100 DM bis zu mehreren Millionen DM ist alles drin.

Sonstiges

Auskunft über Ergebnisse vergangener Auktionen sowie Informationen über anstehende Versteigerungen finden Katalog-Abonnenten im zweimal jährlich erscheinenden »Lempertz Bulletin«. Dort sind auch die Experten für die einzelnen Gebiete verzeichnet.

Außerdem verfügt das Auktionshaus über Repräsentanzen in New York, Tokyo, Buenos Aires und Kapstadt, seit 1985 auch über eine Dependance in Brüssel. In Deutschland ist Lempertz in Berlin, Dresden, Hamburg und München vertreten.

Anschrift

Kunsthaus Lempertz
Neumarkt 3
50667 Köln
Tel. 02 21/92 57 29-0
Fax 02 21/92 57 29-6
Internet: http://www.lempertz.com

München

Kunstauktionshaus Hugo Ruef

Wissenswertes

Das traditionsreiche Auktionshaus Hugo Ruef wurde bereits 1844 gegründet und befindet sich seit 1860 in Familienbesitz. Vier- bis fünfmal pro Jahr werden hier Versteigerungen durchgeführt.

Schwerpunkte und Kataloge

Unter den Hammer kommt dabei alte und moderne Kunst in allen Preislagen. Etwa 14 Tage vor dem Auktionstermin erscheint der Katalog des Auktionshauses.

Preisniveau

Es werden Objekte in allen Preisklassen angeboten.

Anschrift

Kunstauktionshaus Hugo Ruef
Gabelsbergerstraße 28
80333 München
Tel. 089/52 40 84
Fax 089/5 23 69 36

München

Karl & Faber

Wissenswertes

1998 konnte das Auktionshaus Karl & Faber sein 75jähriges Jubiläum feiern. 1923 gegründet, liegt es in einer der exklusivsten Gegenden Münchens. Zweimal pro Jahr geht es hier zur Sache. Jeweils Ende Mai/Anfang Juni und Ende November/Anfang Dezember finden die Versteigerungen statt.

Schwerpunkte und Kataloge

Die Schwerpunkte von Karl & Faber liegen bei den Alten Meistern, im 19. Jahrhundert und der klassischen Moderne. Handzeichnungen, Druckgrafik, Aquarelle und Gemälde sowie Skulpturen kommen unter den Hammer. Etwa vier Wochen vor der Auktion ist der reichlich bebilderte Katalog erhältlich, der einen guten Überblick über die zur Versteigerung stehenden Objekte bietet.

Preisniveau

Die Preise bewegen sich in einem Rahmen von 100 DM bis 250 000 DM. Bei besonderen Exponaten kann diese Grenze jedoch auch überschritten werden.

Anschrift

Karl & Faber
Amiraplatz 3
80333 München
Tel. 089/22 18 65
Fax 089/22 83 350
Internet: KarlundFaber.de

München

Neumeister

Wissenswertes

Durch Tradition und hohe Professionalität sowie sorgfältige Kundenbetreuung zeichnet sich das Münchener Kunstauktionshaus Neumeister aus. Pro Jahr werden hier vier große Kunstauktionen, auf denen alte Kunst versteigert wird, zwei Auktionen von moderner Kunst sowie sieben Varia-Auktionen durchgeführt. 1999 steht außerdem noch eine Sonderauktion im Auftrag und zu Gunsten der Slg.-Dr. Georg-Schäfer-Stiftung auf dem Programm.

Schwerpunkte und Kataloge

Schwerpunkte des Auktionshauses sind Gemälde (v. a. Alte Meister und Werke des 18. und 19. Jahrhunderts), moderne Kunst, alte und moderne Grafik, Skulpturen, Möbel, Porzellan, Silber und Kunsthandwerk.

Jeweils zwei Wochen vor der Auktion ist der Katalog erhältlich, der hervorragend bearbeitet ist und zahlreiche, meist farbige Abbildungen enthält.

Preisniveau

Die Preise des Auktionshauses liegen bei bis zu 2000 DM (Varia) bzw. ab 2000 DM aufwärts für Kunst und Moderne.

Anschrift

Neumeister Kunstauktionen KG
Barer Straße 27
80799 München
Tel. 0 89/23 17 10-0
Fax 0 89/23 17 10-55

Stuttgart

Stuttgarter Kunstauktionshaus Dr. Fritz Nagel

Wissenswertes

Seit 75 Jahren führt das Stuttgarter Kunstauktionshaus Dr. Fritz Nagel 15 bis 20mal pro Jahr Auktionen durch. Dadurch zählt es zu den größten Kunstversteigerungsunternehmen in Deutschland.

Schwerpunkte und Kataloge

Schwerpunkte des Auktionshauses sind Möbel, moderne Kunst, asiatische Kunst sowie Sammlerteppiche.

Etwa drei Wochen vor dem Auktionstermin erscheint der Katalog, in dem die zur Versteigerung stehenden Objekte detailliert beschrieben sind. Außerdem bietet das Haus einen Online-Katalog im Internet an unter der Adresse auction.de

Preisniveau

Der preisliche Rahmen des Auktionshauses bewegt sich zwischen 100 DM und einstelligen Millionenbeträgen. Im Jahre 1998 lag der erzielte Höchstpreis bei 305 000 DM (inkl. Aufgeld). So viel wurde jeweils für ein Ölgemälde von Carl Rottmann sowie für einen venezianischen Sekretär aus der Zeit um 1740 bezahlt.

Anschrift

Stuttgarter Kunstauktionshaus
Dr. Fritz Nagel
Adlerstraße 31-33
70199 Stuttgart
Tel. 07 11/6 49 69-0
Fax 07 11/6 49 69-69
Internet: www.auction.de

Weitere Auktionshäuser in Deutschland

Neumeister

Bautzner Landstraße 7
01324 Dresden
Tel. 03 51/2 64 09 65

Altus
Kalckreuthstraße 4
10777 Berlin
Tel. 0 30/2 18 18 18

**Auktionshaus
Reiner Dannenberg**
Wiesbadener Straße 82
12161 Berlin
Tel. 0 30/8 21 69 79
Schwerpunkte
Kunstgewerbe, Puppen, Spielzeug,
Silber, Schmuck

Hauswedell & Nolte
Pöseldorfer Weg 1
20148 Hamburg
Tel. 0 40/44 83 66
Schwerpunkte
Autographen, Bücher, Skulpturen, Gra-
fik, außereuropäische Kunst

Bolland & Marotz
Fedelhören 19
28203 Bremen
Tel. 04 21/32 82 82

Schloß Ahlden
29691 Ahlden
Tel. 0 51 64/5 75
Fax 0 51 64/5 22
Schwerpunkte
Porzellan, Dosen, Miniaturen,
Silber, Glas, Gemälde, Möbel

Schloß Ricklingen
30826 Garbsen
Tel. 0 50 31/7 10 66

August Bödiger
Franziskanerstraße 17-19
53113 Bonn
Tel. 02 28/65 99 91
Schwerpunkte
Alte Kunst, Antiquitäten,
Teppiche, Ostasiatika

Auktionshaus Arnold
Bleichstraße 42
60313 Frankfurt
Tel. 0 69/28 77 79

Auktionshaus Julius Jäger
Luisenstraße 6
65185 Wiesbaden
Tel. 06 11/30 41 02

**Heilbronner Kunst- und
Auktionshaus
Dr. Jürgen Fischer**
Trappensee-Schlößchen
74074 Heilbronn
Tel. 0 71 31/17 30 64

Ursula Nusser
Auktionshaus
Nordendstraße 46-48
80801 München
Tel. 0 89/2 72 21 50

Schwerpunkte
Kunst, Antiquitäten, Graphik,
Gemälde, Jugendstil, angewandte
Kunst, außereuropäische Kunst

Hartung & Hartung
Karolinenplatz 5a
80333 München
Tel. 089/284034
Schwerpunkte
Autographen, Bücher, Grafik

Galerie Wolfgang Ketterer
Brienner Straße 25
80333 München
Tel. 089/552440
Schwerpunkte
Jugendstil, Art déco, moderne Kunst,
außereuropäische Kunst

Sotheby's
Odeonsplatz 16
80539 München
Tel. 0 89/2 91 31 51

Auktionshaus Nymphenburg
Nymphenburger Straße 115
80636 München
Tel. 089/1297475

Waltraud Boltz
Brandenburger Straße 36
95448 Bayreuth
Tel. 0921/12614

Schwerpunkte
Varia, altes Spielzeug

Auktionshäuser in Österreich und der Schweiz:

Dorotheum
Dorotheergasse 17
A-1010 Wien
Tel. 0043/1/515600

Hassfurther
Hohenstaufengasse 7
A-1010 Wien
Tel. 0043/1/334174

Christie's
Place de la Taconnerie 8
CH-1204 Genève
Tel. 0041/22/282544

Galerie Koller
Hardturmstraße 102
CH-8031 Zürich
Tel. 0041/1/4456363
Internet: galeriekoller.ch

Philip Schuler
Seestraße 341
CH-8038 Zürich
Tel. 0041/1/4824748

Christine Kohler

Neuwiesenstraße 69
CH-8400 Winterthur
Tel. 00 41/52/2 12 73 83

Wichtige Auktionshäuser im Ausland

Christie's

85 Old Brompton Road
London SW7 3 LD
Großbritannien
Tel. 00 44/171/3 21 31 20

Sotheby's

34-35 New Bond Street
London W1A 2AA
Großbritannien
Tel. 00 44/171/4 93 80 80

Sotheby's Parke Bernet

980 Madison Avenue
New York 10021
USA

Hôtel Drouot

6 Rue Rossini
Paris
Frankreich

Antiquitätenhändler

Im folgenden Abschnitt sind einige der bekanntesten Fachhändler in Deutschland, Österreich und der Schweiz aufgeführt, die über Jahre ihre Seriosität und Kompetenz bewiesen haben. Das bedeutet keineswegs, dass Händler, die in diesem Buch fehlen, weniger vertrauenswürdig sind.

Aachen

Kunsthandel Grobusch

Wissenswertes
Wer ein vielfältiges Angebot der Kunst des Jugendstils sucht, ist hier an der richtigen Adresse. Ursprünglich Sammler, haben Hannelore und Hans-Günther Grobusch ihr Hobby zum Beruf gemacht.

Schwerpunkte und Spezialgebiete
Der Kunsthandel Grobusch handelt mit Kunsthandwerk aus der Zeit von 1895 bis 1925, mit Objekten aus dem Jugendstil und Art déco.

Geschäftszeiten
Geöffnet ist das Geschäft montags bis freitags von 14.00 bis 18.30 Uhr.

Messen und Ausstellungen
Der Kunsthandel ist regelmäßig auf den Messen in Hamburg, Hannover und Köln bzw. Düsseldorf vertreten.

Preisniveau
Objekte in allen Preisklassen sind zu haben.
Anschrift
Kunsthandel Grobusch
Kleinmarschierstraße 11-15
52062 Aachen
Tel. 0241/36351
Fax 0241/407046

Augsburg

Günter Müller

GM Kunsthandlung
Maximilianstraße 54
86150 Augsburg
Tel. 0821/38430
Schwerpunkte
Kunstgewerbe, Möbel, sakrale Kunst

Bamberg

Istvan Csonth

Bamberger Tassenkabinett
Karolinenstraße 22
96049 Bamberg
Tel. und Fax 0951/53542
Schwerpunkte
Tassen aus dem 18. und 19. Jahrhundert

Ulf D. Härtl

Karolinenstraße 9
96049 Bamberg

Tel. 0951/55487
Fax 0951/55440
Schwerpunkte
Skulpturen, Möbel, Kunstgewerbe

Senger Bamberg

Kunsthandel
Karolinenstraße 8 + 14
96049 Bamberg
Tel. 0951/54030
Fax 0951/54420
Schwerpunkte
Möbel, Gemälde, Skulpturen

Basel

René Simmermacher

Kunsthandel – Antiquariat
Augustinergasse 7
CH-4001 Absel
Tel. 0041/61/261184

Berlin

Kunsthandel Jörg Schwandt M. A.

Wissenswertes

Seit 1980 existiert der Kunsthandel Jörg Schwandt in Berlin. Weiterhin widmet sich der Inhaber auch der wissenschaftlichen Forschung und Publikationen zum Silber des 20. Jahrhunderts, denn auf seinem Gebiet ist Jörg Schwandt nicht nur leidenschaftlicher Sammler, sondern auch Spezialist: So veröffentlicht er Bücher und Aufsätze, hält Vorträge und organisiert Ausstellungen zu seinem Spezialgebiet.

Schwerpunkte und Spezialgebiete
Jörg Schwandt handelt mit dänischem Silber des 20. Jahrhunderts.

Geschäftszeiten
Geöffnet ist der Kunsthandel Jörg Schwandt immer donnerstags und freitags von 15.00 bis 18.30 Uhr sowie samstags von 11.00 bis 14.00 Uhr. Über diese offiziellen Geschäftszeiten hinaus sind auch Termine nach Absprache möglich.

Messen und Ausstellungen
Regelmäßig vertreten ist der Kunsthandel mit seinen Exponaten auf der Westdeutschen Kunstmesse in Köln bzw. Düsseldorf, ab 1999 auch auf der Verbandsmesse in Berlin.

Preisniveau
Die Preise bei Jörg Schwandt bewegen sich in einem Rahmen von 100 DM bis 30 000 DM, überwiegend jedoch zwischen 1000 und 10 000 DM.

Anschrift
Jörg Schwandt M.A.
Kunsthandel
Keithstraße 10
10787 Berlin
Tel. 0 30/2 18 50 17

Berlin
Weitere Adressen

Ulrich Gronert
Kunsthandel Berlin
Giesebrechtstraße 10
10629 Berlin
Tel. 0 30/8 82 36 86
Fax 0 30/8 91 61 92

Schwerpunkte
Möbel (19. Jahrhundert), Porzellan (1800 bis Jugendstil) Glas (Jugendstil bis 1950), Gold- und Silberschmiedekunst (1700–1850), Gemälde der Berliner Sezession

Ulf Breede
Fasanenstraße 69
10719 Berlin
Tel. und Fax 0 30/8 81 67 83

Schwerpunkt:
alter Schmuck

Kunsthaus Herbert Klewer
Regensburger Straße 9
10777 Berlin
Tel. 0 30/2 11 43 02
Fax 0 30/2 14 18 78

Schwerpunkte
Porzellan aller deutschen Manufakturen, norddeutsche Fayencen (17. bis 18. Jahrhundert), Glas (18. Jahrhundert), Möbel (18. bis Mitte des 19. Jahrhunderts)

Helga Ritscher und Alexander Sandmeier

Prinz-Friedrich-Leopold-Straße 5
14129 Berlin
Tel. 030/8034593
Fax 030/8035152
Schwerpunkte
Schmuck (von der Antike bis 1940)

Hannelore Plötz-Peters

Keithstraße 8
10787 Berlin
Tel. und Fax 030/2114476
Schwerpunkte
Porzellan, Miniaturen, Porträtmalerei

Bremen

Peter Heuer

Wissenswertes
Peter Heuer gilt als der führende Uhrenspezialist. Ursprünglich gelernter Uhrmacher – übrigens der einzige unter seinen Handelskollegen –, machte er sich 1969 selbständig und begann, mit Uhren zu handeln. Dabei setzte er sich zum Ziel, stets außergewöhnliche Uhren anzubieten.
Außerdem ist Peter Heuer vereidigter Sachverständiger für Uhren. Neben dem Verkauf betreibt er auch eine Werkstatt für antike Uhren und rühmt sich, zusammen mit seien Uhrmachern jedes technische Problem lösen und jedes Ersatzteil anfertigen zu können. Seine Kunden wissen es ihm zu danken: So greifen auch viele Museen auf Peter Heuers Kenntnisse und Fertigkeiten zurück.

Schwerpunkte und Spezialgebiete
Peter Heuers Schwerpunkt liegt auf Uhren des 18. Jahrhunderts, doch finden sich in seinem Angebot auch Renaissance-Uhren, Präzisionsuhren des 19. Jahrhunderts, Chronometer sowie Taschenuhren des 19. Jahrhunderts.

Geschäftszeiten
Zum Besuch des Uhrenhandels ist eine Voranmeldung nötig.

Messen und Ausstellungen
Peter Heuer ist mit seinen Stücken auf den Messen in München, Köln, Hannover bzw. Hamburg vertreten.

Preisniveau
Uhren in allen Preislagen werden angeboten.

Anschrift
Antike Uhren
Peter Heuer
Zur Munte 6
28213 Bremen
Tel. 0421/211126
Fax 0421/2239599

Düsseldorf

Gierhards

Wissenswertes
Seit 20 Jahren handelt Erwin Gierhards mit Kunst und Antiquitäten. Er ist Mitglied in der Gesellschaft deutscher Kunsthändler. Jährlich erscheint ein Katalog, in dem die Exponate der Kunsthandlung vorgestellt werden.

Schwerpunkte und Spezialgebiete
Im Angebot des Kunsthandels sind Möbel aus der zweiten Hälfte des 18. Jahrhunderts, u.a. aus den Werkstätten von David Roentgen und Johann Christian Fiedler, Gemälde der Alten Meister sowie Uhren, u.a. aus den Epochen Louis XV. und Louis XVI.

Geschäftszeiten
Geöffnet ist montags bis freitags von 10.00 bis 18.00 Uhr, samstags von 10.00 bis 13.00 Uhr sowie nach Vereinbarung.

Messen und Ausstellungen
Regelmäßig ist Erwin Gierhards mit seinen Objekten auf den Messen in Köln bzw. Düsseldorf, München sowie auf der TEFAF in Maastricht vertreten.

Preisniveau
Objekte in alle Preisklassen sind hier zu erwerben.

Anschrift
Erwin Gierhards

Bilker Straße 19
40213 Düsseldorf
Tel. 02 11/32 04 64
Fax 02 11/32 25 46

Düsseldorf
Weitere Adressen

Kunstantiquariat C. G. Boerner
Kasernenstraße 13
40213 Düsseldorf
Tel. 02 11/13 18 05
Fax 02 11/13 21 77
Schwerpunkte
Grafik, Handzeichnungen, dekorative Grafik

Torsten Bröhan
Graf-Recke-Straße 30
40239 Düsseldorf
Tel. 02 11/67 80 86
Fax 02 11/67 20 12
Schwerpunkte
Kunst und Kunsthandwerk des 20. Jahrhunderts

Frankfurt am Main

Joseph Fach
Fahrgasse 8
60311 Frankfurt am Main
Tel. 0 69/29 77 61
Fax 0 69/28 58 44

Schwerpunkte
Antiquitäten, Gemälde, Grafik, Handzeichnungen

Friedrich Ruttmann
Fahrgasse 19
60311 Frankfurt
Tel. 0 69/28 50 19
Schwerpunkte
Antiquitäten, Möbel, Kunstgewerbe

J. P. Schneider jr.
Roßmarkt 23
60311 Frankfurt
Tel. 0 69/28 10 33
Schwerpunkte
Gemälde, Grafik, Plastik

Galerie Exler
Fahrgasse 6
60311 Frankfurt
Tel. 0 69/28 38 18
Fax 0 69/28 57 74
Schwerpunkte
islamisch-afrikanische Kunst,
Schmuck, Textilien, Keramik, Kunst
der Aborigines

Studio Art Déco
Am Römerberg 8-10
60311 Frankfurt
Tel. 0 69/29 28 18
Fax 0 69/28 59 06

Schwerpunkte
Art-déco-Möbel

Freiburg

Galerie Puhze GmbH
Stadtstraße 28
79104 Freiburg
Tel. 07 61/2 54 76
Fax 07 61/2 64 59

Friedrichshafen

Elmar Reisch
Antiquitäten
Heiseloch 5
88045 Friedrichshafen
Tel. 0 75 41/5 49 41
Fax 0 75 41/5 49 47
Schwerpunkte
Gemälde, Grafik, Möbel

Göttingen

Mayer Antiquitäten
Kurze Straße 7
37073 Göttingen
Tel. 05 51/4 77 22
Fax 05 51/4 77 38
Schwerpunkte
Möbel aus dem Barock, Empire und
Biedermeier

Gladbeck

Gebr. Reuer

Wissenswertes

Seit 1976 ist der Antikhandel Gebr. Reuer als erfolgreicher Groß- und Einzelhändler für deutsche antike Möbel in Gladbeck ansässig. Von Beginn an befasste sich das Geschäft mit dem Vertrieb von exquisiten deutschen Gründerzeit-Möbeln, auch wenn diese damals bei weitem nicht so populär waren wie heute. Neben dem Hauptgeschäft in Gladbeck verfügt die Firma auch über ein Niederlassung im Westerwald.

Doch nicht nur durch ihr hochwertiges Angebot zeichnet sich die Firma aus, auch bei der Erstellung von Fachbüchern wirkt sie mit. So stellte sie zum Beispiel zahlreiche Abbildungen ihrer Möbel für Prof. Rainer Haaffs Antiquitäten-Katalog Gründerzeit-Möbel aus dem Battenberg Verlag zur Verfügung. Von der Zeitschrift Architektur & Wohnen wurde der Antikhandel Gebr. Reuer zur »führenden Adresse für Gründerzeitmobiliar in Europa« gewählt.

Schwerpunkte und Spezialgebiete

Spezialisiert hat sich der Antikhandel Gebr. Reuer auf Möbel aus dem Barock, Biedermeier, der Gründerzeit und dem Jugendstil, eindeutiger Schwerpunkt dabei ist die deutsche Gründerzeit um 1880/90.

Geschäftszeiten

Das Hauptgeschäft in Gladbeck ist montags bis freitags von 10.00 bis 18.30 Uhr sowie samstags von 10.00 bis 13.00 Uhr geöffnet. Die Niederlassung in Ransbach-Baumbach montags sowie mittwochs bis freitags von 10.00 bis 18.30 Uhr und samstags von 10.00 bis 13.00 Uhr. Am Dienstag ist die Niederlassung geschlossen.

Messen und Ausstellungen

Die Firma ist auf keinen Messen und Ausstellungen vertreten.

Preisniveau

Ein einfacher Stuhl findet sich hier schon für 100 DM, hochwertige Barockmöbel können jedoch schon einmal 30 000 DM und mehr kosten.

Anschrift

Antikhandel Gebr. Reuer
Lange Straße 20
45964 Gladbeck
Tel. 0 20 43/2 18 19
Fax 0 20 43/6 70 76
Internet: reuer-antik.de

Niederlassung Westerwald

Antiquitäten W. Reuer
Schulstraße 18
56235 Ransbach-Baumbach
Tel. 0 26 23/92 33 16
Fax 0 26 23/92 33 18

Hamburg

Bernhard ter Hazeborg

Wissenswertes
Seit über 25 Jahren handelt Bernhard ter Hazeborg mit Möbeln, zunächst noch ausschließlich mit englischen, jetzt jedoch auch mit skandinavischen und norddeutschen Stücken.

Schwerpunkte und Spezialgebiete
Spezialisiert hat sich der Kunsthändler auf Möbel aus Skandinavien, Frankreich und England, die aus dem 18. und dem frühen 19. Jahrhundert stammen.

Geschäftszeiten
Die Antiquitätenhandlung ist montags bis freitags von 10.00 bis 18.30 Uhr, samstags von 10.00 bis 14.00 Uhr für ihre Kunden da.

Messen und Ausstellungen
Bernhard ter Hazeborg ist leider auf keinen Messen und Ausstellungen vertreten.

Preisniveau
Mit seinen Preisen bewegt sich der Kunsthändler zwischen 500 DM und 150 000 DM.

Anschrift
Bernhard ter Hazeborg
Antiquitäten
Milchstraße 11
20148 Hamburg
Tel. und Fax 0 40/3 10 10 16

Hamburg
Weitere Adressen

Galerie Klauspeter Westenhoff GmbH
Magdalenenstraße 21
20148 Hamburg
Tel. 0 40/44 02 93
Fax 0 40/45 79 85

Waltraud Basedau
Harvestehuder Weg 59
20149 Hamburg
Tel. 0 40/4 10 78 81
Schwerpunkte
alte Spazierstöcke

Urs. S. Niederoest & Co.
Hohe Bleichen 22
20354 Hamburg
Tel. 0 40/34 42 11
Fax 0 40/34 22 11
Schwerpunkte
Kunst, Porzellan, Möbel und Kunsthandwerk (18. und 19. Jahrhundert)

Winfried Bobsien
Alter Fischmarkt 11
20457 Hamburg
Tel. 0 40/34 44 06
Fax 0 40/34 44 06
Schwerpunkte
Kunsthandwerk, Leuchter

Erika Jacobs

Johnsweg 2
21077 Hamburg
Tel. 0 40/7 60 20 38
Schwerpunkte
Antiquitäten, Gemälde, Möbel, Klein-
kunst

Edmund J. Kratz & Co.

Dockenhudener Straße 25
22587 Hamburg
Tel. 0 40/86 14 45
Fax 0 40/86 14 30
Schwerpunkte
Möbel und Kunsthandwerk (Barock
bis Biedermeier), französische Bronzen
und Bildtapeten

Otteni Kunsthandel GmbH

Elbchaussee 264
22605 Hamburg
Tel. 0 40/82 92 19
Fax 0 40/82 62 23
Schwerpunkte
Intarsienmöbel (15. bis 18. Jahrhun-
dert), Skulpturen, Kunstgewerbe

Galerie L

Charlotte Gräfin von Finckenstein
Elbchaussee 31
22765 Hamburg
Tel. und Fax 0 40/3 90 30 11

Hannover

Galerie Jens H. Bauer

Holzmarkt 4
30159 Hannover
Tel. 05 11/32 44 85
Fax 05 11/32 44 52
Schwerpunkte
Aquarelle, Gemälde, Zeichnungen,
Druckgrafik, alte Bücher

Jörg Schwiete

Antiquitäten in Herrenhausen
Alleestraße 15
30167 Hannover
Tel. 05 11/71 77 74
Schwerpunkte
Fayencen des 18. Jahrhunderts

Galerie Sandvoss

Kantstraße 2
30625 Hannover
Tel. 05 11/55 44 11
Fax 05 11/55 44 00
Schwerpunkte
japanische Kleinkunst und Feinholz-
schnitte

Heidelberg

Christine Wagner

Kunsthandel
Friedrich-Ebert-Anlage 1

69117 Heidelberg
Tel. 06221/22601
Fax 06221/26636

Schwerpunkte

deutsche und französische Möbel des
18. und 19. Jahrhunderts

Ihringen

Lys Art – Kunsthandel
Schloß Lilienhof

Wissenswertes

Vergleichsweise neu auf dem Kunstmarkt ist der Kunsthandel »Lys Art« im
Gästehaus des Schlosses Lilienhof,
zwanzig Kilometer westlich von Freiburg im Breisgau gelegen. 1995 eröff-
nete Marion Knauf ihr Geschäft, doch
ist sie schon seit langem als Sammlerin
bekannt.

Mit seinem Angebot möchte Lys Art
sowohl die »traditionelle« Klientel des
Kunsthandels ansprechen als auch jüngere Kunden für sich gewinnen. Diese
können hier klare und funktionale Möbel finden, zum Beispiel aus dem aus-
gehenden Louis XV, die sich gut mit
moderne Einrichtungen kombinieren
lassen. Außerdem bietet der Kunsthandel seinen Kunden eine intensive Beratung mit Informationen über Restaurie-
rungsmöglichkeiten und deren Kosten

sowie der gezielten Akquisition von
bestimmten Objekten. Hervorragende
Kenntnisse und Kontakte im internatio-
nalen Kunstmarkt ermöglichen es den
Inhabern, nach Ihrem persönlichen
Wunschobjekt zu suchen.

Schwerpunkte und Spezialgebiete

Bei Lys Art wird mit französischen Möbeln aus dem 18. bis zum frühen 19.
Jahrhundert gehandelt. Einzelstücke
und Ensembels aus den folgenden Epochen sind im Angebot: Louis XV, Tran-
sition, Louis XVI, Directoire, Empire
und Restauration. Dazu gibt es Objets
d'Art, Leuchter, Lampen sowie Bilder
und Wandteppiche aus denselben Epochen.

Geschäftszeiten

Geöffnet ist der Kunsthandel auf
Schloß Lilienhof nach Vereinbarung.

Messen und Ausstellungen

Lys Art ist vertreten auf der Art Antique
in Düsseldorf, der Westdeutschen
Kunstmesse in Köln, der FINE ART in
Hamburg, der Münchner Kunstmesse
sowie auf der TEFAF in Basel.

Preisniveau

Mit seinen Preisen bewegt sich der
Kunsthandel zwischen 2000 und
195 000 DM.

Anschrift

Lys Art
Kunsthandel Schloß Lilienhof
79241 Ihringen

Tel. 07688/902095
Fax 07688/902096
Internet: lysart.com

Kirchbrak

Kunsthandel Karl Brunnarius

Wissenswertes
Das Herrenhaus des Othmerschen Hofs ließ 1798 der Leinenhändler Johann Friedrich Othmer erbauen, dessen florierendes Unternehmen sogar nach Übersee exportierte. 1989 wurde der Hof erneut zu einem Handelshaus – diesmal jedoch für Kunst und Antiquitäten. So findet man bei Karl Brunnarius ein reichhaltiges Angebot an alten Möbeln. Im Herrenhaus ist auch eine permanente Ausstellung von Möbeln und Glas untergebracht.

Schwerpunkte und Spezialgebiete
Spezialisiert hat sich Karl Brunnarius auf Möbel des Klassizismus, vor allem aus Norddeutschland und Skandinavien. Auch Silber aus dieser Epoche sowie Glas aus dem 17. Und 18. Jahrhundert, darunter vor allem Schnittglas, gehören zum Angebot des Kunsthandels.

Geschäftszeiten
Der Kunsthandel Karl Brunnarius ist nach Vereinbarung für seine Kunden geöffnet.

Messen und Ausstellungen
Regelmäßig ist der Kunsthandel mit seinen Objekten auf der Westdeutschen Kunstmesse Köln bzw. der Art Antique Düsseldorf, der Kunst- und Antiquitätenmesse Hannover-Herrenhausen und ab 1999 auch auf der Antiqua Berlin vertreten.

Preisniveau
Mit seinen Preisen bewegt sich Karl Brunnarius zwischen 1000 und 100000 DM.

Anschrift
Kunsthandel Karl Brunnarius
Othmerscher Hof
Westerbraker Straße 4
37619 Kirchbrak
Tel. 05533/4220
Fax 05533/3123

Köln

Galerie Claude

Wissenswertes
Von der Straße aus deutet zunächst nichts auf die Gegenwart einer so bedeutenden Kunsthandlung hin – erst im Innenhof des »Alten Deutzer Rathauses« stößt man auf die Ausstellungsräume der Galerie Claude sowie die hauseigene Restaurierungswerkstatt. Seit über 35 Jahren ist der als »Antiquitäten Walter Fried-

rich« gegründete Familienbetrieb in Köln ansässig. 1991 wurde er in »Galerie Claude« umbenannt und beschäftigt sich seither als einzige deutsche Kunsthandlung ausschließlich mit originalen Designobjekten der Art déco.

Mit ihrer Konzentration auf seltene Designerstücke und Unikate stellt die Galerie Claude sogar die deutschen Museen in den Schatten. Hier findet man Werke der bedeutendsten Künstler der 20er und 30er Jahre, wie z.B. von Eugène Printz, Jean Lambert-Rucki, Jacques-Emile Ruhlmann, Le Corbusier oder Pierre Chareau. Zu ihren Objekten liefern Claus und Walter Friedrich Informationsmaterial aus der umfangreichen Hausbibliothek mit.

Und noch etwas ganz Besonderes bietet die Galerie Claude ihren Kunden: Sie vermittelt für Kunden, die in ihrem Angebot nicht fündig werden, weitere Stücke aus dem In- und Ausland.

Schwerpunkte und Spezialgebiete

Die Galerie Claude handelt ausschließlich mit signierten Möbeln der französischen Art déco. Die Qualität der Objekte ist oberster Maßstab, durch ihre langjährige praktische Erfahrung mit dem Material ist der Blick der Inhaber Claus und Walter Friedrich (Vater und Sohn) für feinste Qualitätsabstufungen geschult. Sie handeln deshalb nur mit Spitzenstücken.

Geschäftszeiten

Die Galerie Claude ist montags bis freitags von 8.00 bis 18.00 Uhr sowie nach Vereinbarung für Interessenten geöffnet.

Messen und Ausstellungen

Die Galerie Claude ist heute auf keinen Messen mehr vertreten.

Preisniveau

Die makellose Qualität der Stücke spiegelt sich natürlich in den Preisen der Galerie wider. Sitzmöbel sind ab 20 000 DM zu haben, Tische ab DM 30 000, bei Schränken und Anrichten beginnt das Angebot ab 90 000 DM.

Anschrift

Galerie Claude
Art Déco
Deutzer Freiheit 103
50679 Köln
Tel. 02 21/81 34 94
Fax 02 21/81 39 79

Köln

Galerie Rotmann

Wissenswertes

Eduard Rotmann gilt als der wichtigste Händler für russische Kunst in Deutschland. Seine Qualifikationen hat er »vor Ort« erworben: Er lebte lange Zeit in Moskau und studierte dort Architektur.

Schwerpunkte und Spezialgebiete

Handelsschwerpunkte der Galerie Rotmann sind Fabergé, russisches Silber, Ikonen sowie alter Schmuck.

Geschäftszeiten

Die Galerie Rotmann ist montags bis freitags von 11.00 bis 18.00 Uhr (Mittagspause von 13.00 bis 14.00 Uhr) und samstags von 11.00 bis 14.00 Uhr geöffnet.

Messen und Ausstellungen

Regelmäßig vertreten ist Eduard Rotmann auf den Messen in Köln, Düsseldorf, Hannover, Hamburg, München und Wien.

Preisniveau

Die Preise bewegen sich in einem Rahmen von 200 DM bis 100 000 DM.

Anschrift

Galerie Rotmann GmbH
St. Apernstraße 11
50667 Köln
Tel. 02 21/2 57 48 27
Fax 02 21/2 57 48 74

Köln

Axel G. Weber Kunsthandel

Wissenswertes

Seit 30 Jahren besteht die Kunsthandlung Weber in Köln und geht mittlerweile in die zweiten Generation. In Fachkreisen gilt sie als beste Adresse für griechische und römische Kunst in Deutschland. Im Bibliotheksraum mit Kamin werden ausgesuchte Neuerwerbungen der Kunsthandlung gezeigt.

Schwerpunkte und Spezialgebiete

Die Kunsthandlung Weber widmet sich der Antike, insbesondere der griechischen und römischen Kunst.

Geschäftszeiten

Geöffnet ist montags bis freitags von 10.00 bis 13.00 Uhr sowie von 15.00 bis 18.00 Uhr.

Messen und Ausstellungen

Regelmäßig vertreten ist Axel G. Weber auf der TEFAF in Maastricht und Basel sowie auf den Kunstmessen in Köln und München.

Preisniveau

Aufgrund der Verschiedenheit der Exponate sind genaue Angaben nicht möglich.

Anschrift

Axel G. Weber Kunsthandel
Gertrudenstraße 29
50667 Köln
Tel. 02 21/2 57 60 87
Fax 02 21/25 51 56

Mannheim

Franz Bausback

Tel. 06 21/1 29 28-0
Fax 06 21/10 59 57

Wissenswertes

1925 gegründet, kann sich Franz Bausback rühmen, das älteste Geschäft für antike Teppiche in Deutschland zu sein. Heute wird das Familienunternehmen in der dritten Generation von Peter Bausback geführt.

Schwerpunkte und Spezialgebiete

Handelsschwerpunkte von Franz Bausback sind Teppiche, Textilien und Gobelins.

Geschäftszeiten

Geöffnet ist das Geschäft montags bis freitags von 9.30 bis 18.30, samstags von 9.30 bis 14.00 Uhr.

Messen und Ausstellungen

Franz Bausback ist regelmäßig auf der Deutschen Kunst- und Antiquitätenmesse München, auf der TEFAF in Maastricht und auf der Kunst und Antiquitätenmesse Schloß Schwetzingen vertreten.

Preisniveau

Mit seinen Preisen bewegt sich Franz Bausback in einem Rahmen von 100 bis 200 000 DM:

Anschrift

Franz Bausback
N 3,9 Kunststraße
68161 Mannheim

Mannheim
Weitere Adressen

Michael

Schmuck & Antiquitäten GmbH
P 6, 6-7 (Fressgasse)
68161 Mannheim
Tel. 06 21/10 24 11
Fax 06 21/15 15 14

Elke und Werner Schreiber

Kunsthandel - Frühe Porzellane
Augusta-Anlage 30
68165 Mannheim
Tel. 06 21/44 43 30

Schwerpunkte

Deutsches Porzellan des 18. Jahrhunderts aus den Manufakturen Frankenthal, Ludwigsburg und Höchst, deutsche und französisches Porzellan der Empire- und der frühen Biedermeierzeit.

München

Neidhardt Antiquitäten

Wissenswertes

Neidhardt zählt zu den renommiertesten und größten Antiquitätengeschäften Deutschlands. Im exklusiven Einkaufsviertel Münchens gelegen, ist hier weit mehr geboten als »nur« eine Einkaufsgelegenheit für Antiquitäten.

Das Geschäft zeichnet sich nicht nur durch seine hochwertige Ware, sondern auch durch seine kompetente Beratung beim Einkauf und bei Auktionen aus. Auch trägt es durch Fachseminare, Vorträge und exklusive Kunstreisen zur Weiterbildung seiner Klientel bei. Auch beim Aufbau und der Betreuung von Sammlungen ist man bei Neidhardt gerne behilflich. Des weiteren übernimmt das Antiquitätengeschäft die Schätzung und Untersuchung von Kunstwerken, fertigt Expertisen an und nimmt auch Restaurierungen vor.

Schwerpunkte und Spezialgebiete
Bei Neidhardt werden hochwertige Antiquitäten, hauptsächlich aus dem 18. Jahrhundert angeboten. Zu finden sind hier Möbel, Gemälde, Kunsthandwerk (Silber, Uhren und Kleinkunst), Tapisserien, Porzellan und Fayencen.

Geschäftszeiten
Geöffnet ist das Antiquitätengeschäft montags bis freitags von 10 bis 18 Uhr, samstags von 10 bis 14 Uhr.

Messen und Ausstellungen
Neidhardt stellt grundsätzlich nicht auf Messen aus, doch erscheinen pro Jahr zwei bis drei Kataloge, die potentiellen Kunden die Ware näherbringen.

Preisniveau
Die Preise bei Neidhardt liegen zwischen 20 000 und 200 000 DM, doch können Einzelobjekte schon einmal zwei oder drei Millionen DM kosten.

Anschrift
Neidhardt Antiquitäten
Dachauer Straße 11
80636 München
Tel. 0 89/29 07 57-0
Fax 0 89/29 07 57 29

München

Antike Uhren Schley

Wissenswertes
Seit nun mehr 30 Jahren spezialisiert sich die Kunsthandlung Schley auf künstlerisch und technisch hochwertige Uhren. Vor neun Jahren hat Dipl.-Kfm. Clemens von Halem das renommierte Geschäft übernommen und bietet Zeitmesser aus beinahe allen Interessens- und Sammelgebieten an.

Um den bestmöglichen Zustand und die Funktion seiner Exponate zu gewährleisten, verfügt die Kunsthandlung Schley über eine eigene Meisterwerkstatt. Hier werden die wertvollen Stücke auf höchstem Niveau gepflegt und restauriert und können so mit einer Garantie von zwölf Monaten versehen werden.

Schwerpunkte und Spezialgebiet

Der besondere Schwerpunkt des Geschäfts liegt auf den Bronzependulen Frankreichs vom 17. Jahrhundert bis zum ersten Empire – denjenigen Exponaten, in denen sich künstlerischer Anspruch, handwerkliche Perfektion und technische Uhrmacherleistung am deutlichsten vereinigen. Auf diesem Gebiet hat die Kunsthandlung Schley ein einzigartiges, weltweit gesammeltes Angebot. Darüber hinaus sind bei Schley u.a. individuelle Herren- und Damenarmbanduhren der 20er bis 70er Jahre und französische Reiseuhren aus der zweiten Hälfte des 19. Jahrhunderts zu finden. Auch gibt es hier Taschenuhren aller Epochen aus England, Frankreich, Deutschland und der Schweiz. Der Schwerpunkt hierbei liegt auf den Meisterwerken der Firma A. Lange & Söhne aus Glashütte bei Dresden. Außerdem handelt Schley mit schlichten Präzisions- und dekorativen Wohnzimmerstanduhren aus dem 18. und 19. Jahrhundert.

Geschäftszeiten

Geöffnet ist montags bis freitags von 10.00 bis 18.30 Uhr, samstags von 10.00 bis 14.00 Uhr, an den langen Samstagen vor Weihnachten von 10 bis 18 Uhr.

Messen und Ausstellungen

Der Kunsthandel Schley ist mit seinen Exponaten regelmäßig auf den Verbandsmessen in Düsseldorf, Hamburg, Köln und München vertreten.

Preisniveau

Mit seinen Preisen bewegt sich das Geschäft in einem Rahmen von 850 DM bis zu über einer Million DM.

Anschrift

Clemens von Halem
Antike Uhren Schley
Montgelas Palais
Kardinal-Faulhaber-Straße 14a
80333 München
Tel. 0 89/22 61 88
Fax 0 89/2 91 39 59
http://www.halem.de

München
Weitere Adressen

Julius Böhler

Kunsthandlung
Florian Eitle
Brienner Straße 10/I
80333 München
Tel. 0 89/28 11 65
Fax 0 89/28 06 36

Schwerpunkte

Gemälde alter Meister, Plastiken, Antiquitäten

Daxer & Marschall GmbH

Kunsthandels GmbH
Wittelsbacherplatz 6

80333 München
Tel. 089/28 06 40
Fax 089/28 17 57
Schwerpunkte
Möbel, Gemälde, Zeichnungen, Kunst-
handwerk des 18. und frühen 19. Jahr-
hunderts

Galerie von Spaeth

Wilfried von Spaeth
Theresienstraße 19
80333 München
Tel. und Fax 089/2 80 91 32
Schwerpunkte
Glas des 17. bis 20. Jahrhunderts

Galerie Arnoldi-Livie

R. Bruce Livie
Galeriestraße 2 B
80539 München
Tel. 089/22 59 20
Fax 089/22 63 21
Schwerpunkte
Zeichnungen, Gemälde und Aquarelle

Roderich Pachmann

Barer Straße 60
80799 München
Tel. 089/28 24 91
Fax 089/28 52 79
Schwerpunkte
Volkskunst, Fayencen, Steinzeug, altes
Kunsthandwerk

Galerie Vogdt

Stefan Vogdt
Kurfürstenstraße 4
80799 München
Tel. 089/2 71 68 57
Fax 089/2 72 12 68

Buch- und Kunstantiquariat Robert Wölfle

Amalienstraße 65
80799 München
Tel. 089/28 36 26
Fax 089/28 43 08
Schwerpunkte
Grafik (15. bis 20. Jahrhundert), alte
Drucke, Kinderbücher

Galerie am Herzogpark –

Ursula Niederecker
Kufsteiner Platz 5
81679 München
Tel. 0 89/98 18 00
Fax 0 89/98 88 19
Schwerpunkte
Kunst und Möbel (Empire und Bieder-
meier)

Neustadt an der Weinstraße

Antiquitäten Brune

Wissenswertes
Seit 26 Jahren handelt Antiquitäten Brune mit deutschen und französischen Möbeln. Die Firma hat sich in diesem Zeitraum zum größten Fachgeschäft für antike Möbel in Deutschland entwickelt.

Schwerpunkte und Spezialgebiete
Antiquitäten Brune hat sich auf deutsche und französische Möbel aus dem 18. Jahrhundert spezialisiert. Daneben sind dort auch andere Einrichtungsgegenstände wie Spiegel oder Gemälde zu finden.

Geschäftszeiten
Der Antiquitätenhandel ist nach Vereinbarung geöffnet.

Messen und Ausstellungen
Regelmäßig vertreten ist Antiquitäten Brune auf der Kunst-Messe in München, auf der Westdeutschen Kunstmesse in Köln und Düsseldorf, in Hannover, Hamburg und Schwetzingen.

Preisniveau
Die Preise der Möbelstücke bewegen sich zwischen 5000 und 300000 DM.

Anschrift
Antiquitäten Brune
Haardter Schloß
67433 Neustadt/Wstr.

Tel. 06321/32625
Fax 06321/82240

Nürnberg

Karin Klinger
Gemälde – Antiquitäten –
Dekorationen
Bucher Straße 70
90419 Nürnberg
Tel. 0911/330690
Fax 08152/2005

galerie artficial
Hummelsteiner Weg 76, Rückgeb.
90459 Nürnberg
Tel. 0911/440666
Schwerpunkte
Möbelobjekte (Bauhaus bis heute)

Osnabrück

Dr. van Delden & Cie.
Marienstr. 17
49074 Osnabrück
Tel. 0541/25744
Fax 0541/23415
Schwerpunkte
Möbel aus Deutschland, Holland und Frankreich (Mitte des 18. Jahrhunderts bis 1830) Porzellan, Silber, Gemälde

Regensburg

Dr. Wolfgang Baumann
Antiquitäten und Kunsthandel
Kramgasse 6
93047 Regensburg
Tel. 09 41/5 33 22
Fax 09 41/56 21 98
Schwerpunkte
Kunst vom Barock bis zum Biedermeier

Saarbrücken

Lothar Rase GmbH
Restaurierung – Kunsthandel
Im Rosengarten 7
66130 Saarbrücken-Güdingen
Tel. 06 81/87 41 18
Fax 06 81/87 41 20
Schwerpunkte Möbel und Einrichtungsgegenstände des 18. und 19. Jahrhunderts

Salzburg

Galerie Salis & Vertes
Alter Markt 8
A-5010 Salzburg
Tel. 00 43/6 62/8 44 52
Fax 00 43/6 62/84 66 50

Stuttgart

Kunsthandel Frieder Aichele

Wissenswertes
Obwohl es nach dem Boom der 70er Jahre in letzter Zeit auf dem Markt für Zinn etwas ruhiger geworden ist, ist das graue Metall nach wie vor beliebt. Zu denjenigen deutschen Händlern, bei denen Spitzenobjekte zu finden sind, zählt sicher der Kunsthandel Frieder Aichele in Stuttgart.
Neben einer ausführlichen Beratung bei Kunstkäufen erstellt Frieder Aichele auch Gutachten.
Schwerpunkte und Spezialgebiete
Spezialisiert hat sich der Kunsthandel dabei nicht nur auf altes Zinn aus der Zeit vor 1840, sondern auch auf alte Keramik. So findet man bei Frieder Aichele deutsche Fayencen aus dem 17. und 18. Jahrhundert, Steinzeug aus dem 16. bis 18. Jahrhundert sowie chinesisches Porzellan aus dem 16. bis 18. Jahrhundert.
Geschäftszeiten
Der Kunsthandel ist nach Vereinbarung geöffnet. Interessenten können eine Angebotsliste anfordern.
Messen und Ausstellungen
Frieder Aichele ist mit seinen Objekten regelmäßig auf der Kunstmesse München sowie auf der Messe im Schloß Schwetzingen vertreten.

Preisniveau

Freunde von Zinn und alter Keramik finden hier Objekte ab 100 DM bis zu mehreren Tausend DM.

Anschrift

Frieder Aichele
Kunsthandel
Calwer Straße 38
70173 Stuttgart
Tel. 07 11/2 36 46 13
Fax 07 11/2 36 05 48

Stuttgart
Weitere Adressen

Reiner D. Joniskeit

Kunsthandlung
Lazarettstraße 14
Tel. 07 11/24 06 24
Fax 07 11/2 36 09 45

Kunsthaus Bühler GmbH

Kurt Zimmermann
Wagenburgstr. 4
70184 Stuttgart
Tel. 07 11/24 05 07
Fax 07 11/2 36 11 53
Schwerpunkte
Gemälde, Skulpturen, Stiche

Oskar Ruff

Kunsthandel
Salzmannweg 17
70192 Stuttgart
Tel. 07 11/29 50 96
Fax 07 11/29 76 14
Schwerpunkte
Silber, Keramik, Zinn, Glas

Wiesbaden

Galerie de Beisac

Wissenswertes

Die Galerie de Beisac ist eine der letzten Bastionen des Antiquitätenhandels auf der Wiesbadener Taunusstraße, die ehemals als eine der führenden Antiquitätenstraßen Deutschlands galt.
Der Geschäftsführer Ralf de Beisac ist vereidigter Sachverständiger der IHK Wiesbaden für Möbel. Bei der Restaurierung von Möbeln legt die Galerie großes Augenmerk auf fachgerechte Arbeit ohne großen Substanzverlust sowie auf Erhaltung der Patina.

Schwerpunkte und Spezialgebiete

Spezialisiert hat sich die Galerie de Beisac auf Möbel aus dem 18. Jahrhundert bis zur Mitte des 19. Jahrhunderts aus Frankreich, Deutschland, Holland und Italien. Außerdem finden sich französischen Uhren von Louis XV bis zum Empire-Stil sowie Gemälde aus dem 17. bis 19. Jahrhundert im Angebot der Galerie.

Geschäftszeiten

Die Galerie de Beisac ist montags bis freitags von 9.00 bis 18.00 Uhr geöffnet.

Messen und Ausstellungen

Regelmäßig sind die Objekte der Galerie auf der Westdeutschen Kunstmesse in Köln bzw. Düsseldorf vertreten.

Preisniveau

Mit ihren Preisen bewegt sich die Galerie de Beisac in einem Rahmen von 2000 DM bis 200 000 DM.

Anschrift

Galerie de Beisac
Taunusstraße 38
65183 Wiesbaden
Tel. 06 11/52 21 41
Fax 06 11/52 26 30

Wiesbaden
Weitere Adressen

Galerie Keul & Sohn

Taunusstraße 33–35
65183 Wiesbaden
Tel. 06 11/52 26 61
Fax 06 11/52 26 61

Schwerpunkte

Barockmöbel, Gemälde des 19. Jahrhunderts

Daniela Kumpf

Parkstraße 33
65189 Wiesbaden
Tel. 06 11/52 83 57
Fax 06 11/33 33 65

Schwerpunkte

Porzellan

Wuppertal

Offermann & Schmitz

Wissenswertes

Auf dem Gebiet der ostasiatischen Kunst ist das Geschäft von Adalbert Offermann und Hans-Martin Schmitz wohl das dienstälteste in Deutschland. Seit 1964 wird hier mit alter Kunst aus China und Japan gehandelt.
Neben dem An- und Verkauf von ostasiatischer Kunst nehmen Offermann & Schmitz auch Schätzungen vor und fertigen Gutachten an.

Schwerpunkte und Spezialgebiete

Alte Kunst aus China und Japan steht bei Offermann & Schmitz zum Verkauf. Dazu zählen: japanische Holzschnitte, Netsukes, Okimono sowie Skulpturen und Kunstgewerbe aus China.

Geschäftszeiten

Das Geschäft hat nach Vereinbarung geöffnet.

Messen und Ausstellungen

Regelmäßig vertreten sind Offermann & Schmitz auf der Westdeutschen Kunstmesse in Köln sowie auf der Deutschen Kunst- und Antiquitätenmesse in München.

Preisniveau

Da die Preise für ostasiatische Kunst sehr unterschiedlich sind, kann die Kunsthandlung hierzu leider keine genauen Angaben machen.

Anschrift

Offermann und Schmitz
Wittelsbacherstraße 31
42287 Wuppertal
Tel. 0202/555873
Fax 0202/572267

Würzburg

Wolf D. Amelung

Fayencen, Porzellan, Steinzeug
Karmelitenstraße 15
97070 Würzburg
Tel. 09 31/5 84 48
Fax 09 31/5 96 48

Schwerpunkte

Porzellan kleiner Manufakturen, Fayencen des 17. und 18. Jahrhunderts, Steinzeug des 16. bis 18. Jahrhunderts

Heide Hübner

Keesburgstraße 19
97070 Würzburg
Tel. 0931/71304
Fax 0931/83138

Schwerpunkte

Gemälde alter Meister

Albrecht Neuhaus

Heinestraße 9
97070 Würzburg
Tel 0931/56849
Fax 0931/54286
Internet: artnet.com/neuhaus.html

Schwerpunkte

Altes Kunstgewerbe, Gemälde, Möbel, Silber, Skulpturen

Messen und Ausstellungen

Verkaufsausstellungen und Messen haben eine lange Tradition. Während sich die Kunstgeschäfte vor dem Zweiten Weltkrieg noch in einem intimen Rahmen abspielten und die Öffentlichkeit erst von einem geschlossenen Handel erfuhr, wenn ein Werk in einem Museum ausgestellt wurde, war in den Wirtschaftswunder-Zeiten Markttransparenz erwünscht. Ende der 50er Jahre gab es bereits sechs überregional bedeutende Kunstmessen in Europa, heute sind es über 40.

Als Gegengewicht zu den Kunstauktionshäusern mit ihrer begrenzten Klientel werden hier Kunstwerke ganz unterschiedlicher Art einem breiten Publikum präsentiert. Der Vorteil liegt auf der Hand: Potentielle Käufer finden ein vielfältiges Angebot auf engem Raum und können so ohne viel Mühe Preisvergleiche anstellen. Allerdings werden häufig auch Objekte auf mehreren Messen ausgestellt – manchmal zu unterschiedlichen Preisen: Kein Wunder, dass viele Messebesucher dadurch verunsichert werden.

Vom Preisniveau sind die bedeutenden Kunstmessen eher teuer; wer auf der Suche nach preisgünstigen Stücken ist, sollte sich deshalb lieber in ein Auktionshaus begeben. Oftmals scheinen sich zwei unvereinbare Konzepte gegenüberzustehen: einerseits der demokratische Gedanke, Kunst und Antiquitäten möglichst einem großen Publikum zugänglich zu machen, andererseits eine elitäre Schau von Spitzenobjekten zu Spitzenpreisen.

Gemeinsam ist den großen europäischen Kunstmessen ihr hohes Niveau mit handverlesenen Händlern und makelloser Qualität. Dennoch bringt jede Messe ein ganz spezifisches Gesicht und unverwechselbare nationale Eigenheiten mit sich. Werfen wir nun also einen genaueren Blick auf die bedeutenden Kunstmessen in Europa.

Die *Kunst-Messe München* (früher: Deutsche Kunst- und Antiquitätenmesse München) ist die traditionsreichste und größte Kunstmesse in Deutschland. Sie bietet ihren Besuchern einen umfassenden Überblick über das Geschehen auf dem Kunstmarkt von der Antike bis zur Avantgarde. 1956 ins Leben gerufen, wird die Messe vom Bundesverband des Deutschen Kunst- und

Antiquitätenhandels getragen, d.h. nur Händler, die Mitglied des BDKA sind, dürfen hier ihre Waren präsentieren. Etwa 130 Aussteller sind hier jedesmal vertreten, die Plätze sind jedoch heißbegehrt und Newcomer haben kaum eine Chance. Die Messe findet jährlich Ende Oktober oder Anfang November auf dem neuen Messegelände in München-Riem statt.

Ein weiterer führender Platz unter den Kunstmessen gehört der *Westdeutschen Kunstmesse International* in Köln. Bis 1997 fand die Messe noch abwechselnd in Köln oder Düsseldorf statt, seit 1998 ist sie jedoch fest auf dem Messegelände in Köln-Deutz beheimatet. Sie findet nun jedes Jahr im April/Mai statt und präsentiert ihr beispielhaftes Angebot, das sich vom Altertum bis zur Neuzeit erstreckt. Getragen wird die Messe vom Rheinischen Kunsthändler-Verband (RKV) im BDKA, rund 100 Aussteller sind hier vertreten. Zu den Stärken der Veranstaltung gehören Antiken, die Moderne und afrikanische Kunst.

Düsseldorf wollte die Domäne der Kunstmessen jedoch nicht kampflos an Köln abgeben und veranstaltet deshalb seit 1998 jeweils im Februar/März die *art antique* als Gegenstück zur Westdeutschen Kunstmesse. Ob sie dem Kölner Giganten allerdings dauerhaft Paroli bieten kann, muss sich erst noch herausstellen. 1999 waren hier 130 Aussteller aus Deutschland und den Nachbarländern vertreten, Schwerpunkte der art antique sind Kunsthandwerk und Möbel.

Jedes Jahr im April findet die Messe *Fine Art* abwechselnd in Hamburg (ungerade Jahre) und Hannover-Herrenhausen (gerade Jahre) statt. Sie gilt als wichtigste norddeutsche Messe für Kunst und Antiquitäten. Etwa 90 Händler präsentieren dort ihre zwar erstklassigen, doch häufig unerschwinglichen Objekte. Wer einen selektiven Querschnitt durch die deutsche Kunsthandelsszene sucht, ist hier an der richtigen Adresse. Getragen wird die Fine Art vom BDKA, Schwerpunkte sind Altmeister, Moderne und Kunstgewerbe der Jahrhundertwende.

Die führende internationale Messe für Kunst des 20. Jahrhunderts findet jedes Jahr im Juni in Basel statt: die Messe *Art Basel*. Etwa 250 Galerien aus Europa, Amerika, Asien und Australien präsentieren hier ihr Angebot. 1969 auf Initiative einiger Basler Galeristen ins Leben gerufen, gilt die Art Basel heute als wichtigstes Barometer für den internationalen Kunstmarkt. Gemälde, Zeichnungen, Skulpturen, Photographien und Video- und Multimediakunst sind hier zu finden. Vertreten sind sowohl die Klassiker der Moderne wie Picasso, Miró oder Dalí, als auch Werke von Warhol, Beuys oder Christo. Mit ihrer Vielfalt, Internationalität und der hohen Qualität der Exponate lockt die Art Basel jedes Jahr rund 50 000 Besucher an.

Seit 1995 hatte Basel noch eine zweite wichtige Messe zu bieten: *The European Fine Art Fair*, kurz *TEFAF* genannt. Schnell konnte sich die Veranstaltung als bedeutender Umschlagplatz für Antiken, asiatische und islamische Kunst etablieren. Obwohl dies Schwerpunkte der Messe sind, kommen auch die klassische Moderne und das Kunsthandwerk des 20. Jahrhunderts auf der TEFAF nicht zu kurz. Insgesamt sind hier etwa 110 Aussteller vertreten. Im Mai 1999 kündigte ihr Träger, die European Art Fair Foundation, jedoch überraschend den Vertrag mit der Messe Basel wegen organisatorischer Überlastung. Da Basel aber weiterhin eine wichtige Rolle für die Kunst auch jenseits der Moderne spielen soll, sucht man derzeit nach einer neuen Trägerschaft, einem neuen Namen und einem neuen Konzept.

Die große Schwester der TEFAF Basel ist die *TEFAF Maastricht*, die schon seit mehr als zehn Jahren jeweils im März stattfindet. Von Anfang an war die Messe international ausgerichtet, vorherrschend ist dabei jedoch der nordeuropäische Geschmack. 1999 waren hier 183 Händler aus zwölf Ländern vertreten, hauptsächlich aus Großbritannien, den Niederlanden, Frankreich, Deutschland, Belgien und den USA. Auf dem 28 000 Quadratmeter großen Ausstellungsgelände finden sich allein 1000 Gemälde. Die TEFAF Maastricht gilt als wichtigster europäischer Umschlagplatz für Altmeister, vor allem holländische und flämische Gemälde aus dem 16. und 17. Jahrhundert. Der größte Bereich der Messe sind klassische Antiquitäten. 1998 zog das hochwertige und vielfältige Angebot über 60 000 Besucher an.

Weitere Kunstmessen

Neben den oben genannten Messen gibt es noch weitere bedeutende Ausstellungen von hohem Niveau:

Brüssel: Foire des Antiquaires de Belgique

Florenz: Mostra Mercato Internazionale dell'Antiquariato (alle zwei Jahre)

London: Grosvernor House Antiques Fair, Fine Art and Antiques Fair

Paris: Biennale des Antiquaires (alle zwei Jahre)

Schwetzingen: Kunst und Antiquitäten Schloß Schwetzingen (alle zwei Jahre, gerade Jahre)

Wien: Kunst und Antiquitätenmesse in der Hofburg (November)

MESSEN UND AUSSTELLUNGEN

Die Entwicklung des Kunst- und Antiquitätenmarktes

In den vorhergehenden Kapiteln haben Sie nun also jede Menge Tipps erhalten, was Sie beim Kauf von Antiquitäten beachten sollten und wo Sie Antiquitäten kaufen können. Nun werden Sie sich sicherlich fragen, was Sie eigentlich kaufen sollen und wie sich der Kunstmarkt in Zukunft entwickeln wird. Auch wenn beim Kauf von Kunst und Antiquitäten die Liebe zum Objekt stets ausschlaggebend sein sollte, freut man sich dennoch, wenn das geliebte Objekt dazu noch etwas wert ist.

Natürlich ist es schwer, die Entwicklung des Kunstmarktes genau vorherzusagen, da sich Trends bekanntlich sehr schnell ändern und die aktuellen Modebewegungen beim Erscheinen dieses Buches schon längst wieder veraltet sind. Auch die Wertentwicklung kann nicht genau vorausgesagt werden, da – wie wir schon mehrmals gehört haben – der Kunstmarkt auch nur ein Wirtschaftszweig ist und deshalb von der wirtschaftlichen Gesamtlage abhängt.

Wenn man die Entwicklung auf dem Kunstmarkt in den letzten Jahren genau beobachtet, so zeichnen sich jedoch deutlich einige Tendenzen ab, die wir im folgenden genauer ansehen wollen.

Preise

Zuerst jedoch noch ein Wort zu den Preisen im Kunsthandel: Wie entstehen eigentlich die Preise auf dem Markt für Kunst und Antiquitäten? Im Gegensatz zu anderen Produkten gibt es hier keine Festpreise und auch keinen »empfohlenen Ladenpreis«, wie man ihn aus der Werbung kennt. Stärker als in anderen Wirtschaftszweigen wird der Preis eines Objektes hier von Angebot und Nachfrage bestimmt. Die Preise werden auf Tausenden von Auktionen und Messen in aller Welt gemacht. Durch den Wirtschaftsaufschwung in den Jahren nach dem Zweiten Weltkrieg wurde die Käuferschicht für Kunst und Antiquitäten immer größer, die Nachfrage stieg, die Zahl der Kunstobjekte dagegen nicht. Die Folge: Die Preise schnellten in die Höhe. Auch der Einfluss von Modebewegungen auf die Preisentwicklung ist nicht zu unterschätzen. So stieg z.B. die Nachfrage nach Biedermeier-Möbeln in den 70er Jahren, da diese sich mühelos in ein modernes Interieur integrieren lassen, und somit kletterten natürlich auch die Preise in die Höhe. Sieht man einmal von solchen Trends ab, so sind vor allem folgende Faktoren preisbestimmend auf dem Kunstmarkt:

- Qualität: Die Qualität eines Kunstwerkes wird durch eine Art stillschweigender Übereinkunft der Künstler, Sammler, Museumsleute, Händler und Kunsthistoriker bestimmt. Durch ihr Fachwissen können sie Kunst von Kitsch unterscheiden und so einen allgemeinen Maßstab für die Qualität eines Objektes festlegen.
- Seltenheit: Je seltener ein Kunstgegenstand ist, desto teurer ist er – hier gilt dasselbe Gesetz wie auf anderen Märkten.
- Zustand: Auch der Erhaltungszustand eines Objektes ist maßgeblich für seinen Preis. Besonders bei Keramik, Gläsern und Porzellan ist Unversehrtheit wichtig.
- Herkunft (Provenienz).

Als Orientierungshilfe können Preiskataloge wie der *Antiquitätenführer* des Battenberg Verlages oder Ergebnislisten von Auktionen dienen. Bei der Vielzahl von Sammlerliteratur im Buchhandel sollte man besonders auf das Erscheinungsjahr achten, da sich die

Preise sehr schnell ändern und die entsprechenden Bücher häufig nicht allzu oft aktualisiert werden. Ladenpreise aus dem Antiquitätenhandel eigenen sich dagegen nur bedingt für preisliche Marktanalysen, da Händler oft bis zu 100% auf den Einkaufspreis aufschlagen.

Wer jederzeit Zugriff auf aktuelle Auktionsergebnisse und Kunstpreise haben will, dem seien noch zwei Seiten im Internet empfohlen: art-sales-index.com und kunstpreis.com halten Sie über aktuelle Preisentwicklungen auf dem Kunstmarkt auf dem laufenden. Sie finden dort eine Vielzahl von Preisergebnissen aus internationalen Auktionen, die zum Teil täglich aktualisiert werden.

Aktuelle Preisnotierungen im Internet

Zusammenhang von Preis und Wert

Wir haben nun also gesehen, was für den Preis eines Kunstgegenstandes maßgeblich ist. Entspricht der Preis nun aber auch dem Wert eines Objektes? Grundsätzlich gilt: Ein Gegenstand ist immer so viel wert, wie jemand dafür bezahlt. Ein Beispiel zur Verdeutlichung: Für einen Normalbürger, in diesem Fall einen Nichtsammler, ist eine Figur aus dem Kinderüberraschungsei nur etwa eine Mark wert, denn so viel hat er schließlich für das Überraschungsei bezahlt. Ein Sammler dagegen, dem genau diese eine Figur noch in seiner Sammlung fehlt, ist schon einmal willens, für das Objekt seiner Begierde 100 DM und noch mehr hinzublättern; der Wert des Stückes liegt für ihn also weit höher.

Der Wert eines Objektes ist also häufig nur schwer zu bestimmen, eigentlich gibt es den Wert an sich in der Kunstwelt auch gar nicht – vielmehr gibt es eine Vielzahl von Wertbegriffen:

- Materialwert: der Wert des zur Herstellung des Gegenstandes benötigten Materials, z.B. Gold, Perlen, Edelsteine.

- Verkehrs- oder Händlerwert: der Wert, der durch den Preis bestimmt wird, den ein Händler dafür bezahlen würde. Er ist Bemessungsgrundlage für die Erbschaftssteuer und heißt deshalb auch Erbschaftssteuerwert.
- Zeitwert: der Wert, den ein Gegenstand zum Zeitpunkt der Bewertung hat. Er ergibt sich aus dem Material, dem Zustand des Gegenstandes, seiner Bedeutung und seinem Nutzen.
- Neuwert: auch Wiederbeschaffungs- oder Versicherungswert. Dies ist der Betrag, den man aufwenden müßte, um den Gegenstand oder einen vergleichbaren im Kunsthandel wieder zu beschaffen. Er entspricht also dem üblichen Ladenverkaufspreis.
- Auktionsansatzwert: Mindestpreis, den man bei einer Auktion für ein Objekt ansetzen muss, damit der Verkauf erfolgreich ist. Er beträgt in etwa 40 bis 50% des Neuwertes.
- Ideeller Wert: der Wert, den ein Kunstobjekt für eine einzelne Person hat, z.B. weil es ein Familienerbstück ist.

Zusammenfassend könnte man den Zusammenhang von Preis und Wert eines Kunstwerkes so beschreiben: Die Geschichte und die Qualität eines Objektes bestimmen seinen Wert, den Preis dagegen bestimmt der Markt.

Preis- und Wertentwicklung

Betrachtet man die Entwicklungen auf dem Kunstmarkt im letzten Jahrzehnt, so zeichnen sich folgende Trends ab: Der deutsche Kunstmarkt ist relativ stabil, doch ist die Rezession von 1993/94 auch an ihm nicht spurlos vorübergegangen: Spitzenpreise wurden nur für Spitzenobjekte erzielt, ansonsten waren in fast allen Bereichen leichte Rückgänge zu verzeichnen. Mehr oder weniger verschont von der Rezession blieben nur antike Möbel und Waffen sowie ostasiatische Kunst. Auf dem letztgenannten Gebiet zeige sich heute sogar ein gesteigertes Interesse, so die Fachhändler Offermann & Schmitz in Wuppertal. Vergleicht man jedoch insgesamt die Auktionspreise der Saison 1995/96 mit denen von 1991, so scheinen sich diese auf demselben Niveau zu bewegen. Der Laie könnte nun meinen, der Kunstmarkt sei stabil geblieben, doch gab es in Wirklichkeit zunächst einen Preisanstieg, gefolgt von einem Einbruch.

Im Jahre 1998 sahen die meisten Händler und Auktionshäuser jedoch wieder optimistisch in die Zukunft. Wichtig ist ihnen vor allem die Qualität der Stücke. So ist der Uhrenspezialist Peter Heuer aus Bremen der Meinung, gute Ware bleibe immer im Trend und verliere auch nie an Wert. Derselben Meinung ist man auch in der Galerie Rotmann in Köln: »Die Kunden verlangen höhere Qualität und sind bereit, entsprechend zu bezahlen«, heißt es dort. Für besondere und hochwertige Objekte sei deshalb weiterhin eine Preissteigerung zu erwarten; speziell auf dem Auktionsmarkt können hochwertige Waren nach wie vor ungeahnte Preise erzielen, so Markus Eisenbeis vom Kunsthaus am Museum, Carola van Ham, in Köln. Bei Mittelware sei dagegen eher ein starker Preiseinbruch zu erwarten. Eine Chance für den Kunstmarkt sieht die Galerie de Beisac in Wiesbaden in der Einführung des Euro: Aus Angst vor einer Entwertung des Geldes werden viele Menschen zu den stabilen Werten des Kunstmarktes flüchten, mit einer erhöhten Nachfrage nach qualitätvollen Stücken sei also zu rechnen. Wer Kunst als Geldanlage erwirbt, sollte also unbedingt auf die Qualität des Objektes achten, denn nur so ist eine vernünftige Wertbeständigkeit gesichert.

Nach diesem allgemeinen Prognosen, wollen wir nun die Entwicklung in verschiedenen Teilbereichen des Kunstmarktes betrachten:

Wertstabil sind Spitzenstücke

Flucht aus dem Euro in die Sachwerte des Kunstmarktes

Gemälde

Gerade alte Bilder haben in den letzten Jahren rasante Preissteigerungen erfahren. Bei der Gegenwartskunst waren jedoch Einbrüche zu verzeichnen.

Grafik

Der Markt für dekorative Grafik ist relativ stabil, modische Strömungen spielen hier kaum eine Rolle. So stiegen und fielen die Preise dann in jüngster Zeit auch nur mäßig. Anders sieht es dagegen bei der Druckgrafik aus: Besonders die Preise für spätere Etats (gegenüber dem ersten Abzug veränderter Druckträger) stiegen enorm. Bei der Künstlergrafik ist nach wie vor der Name des Künstlers preisbildend, ebenso der Etat.

Uhren

Uhren haben in den letzten Jahren eine zwar mäßige, aber dennoch stete Wertsteigerung erfahren. Besonders die Preise für hochwertige Zeitmesser sind dabei enorm gestiegen. Da Uhren zumeist von Sammlern und Liebhabern und nicht aus Spekulationsgründen gekauft werden, war hier durch die Rezession kein Preiseinbruch zu verzeichnen. Allein der Käufer bestimmt hier den Wert. Clemens van Halem von Antike Uhren Schley in München stellt fest, dass in der Gunst der Kunden weiterhin Armbanduhren ganz vorne liegen; so steigen auch die Preise seit zwei Jahren wieder stetig. Auch französische Pendulen erfreuen sich zunehmender Beliebtheit, sind jedoch nach wie vor unterbewertet. Die Nachfrage nach technischen Taschenuhren aus dem späten 19. und frühen 20. Jahrhundert ist dagegen stabil, die Preise stagnieren. Eine Ausnahme bilden hier die Produkte der Manufaktur A. Lange & Söhne in Glashütte: Hier ist die Nachfrage groß, die Preise steigen dementsprechend. Dekorative Taschenuhren sind jedoch leider in Vergessenheit geraten, sie sind derzeit so billig, wie schon seit 30 Jahren nicht mehr. Persönlich setzt der Uhrenfachmann von Halem auf Marinechronometer. Sie zeichnen sich nicht nur durch feinste Technik und hohe Dekorativität aus, sondern sind auch – gemessen an ihrer Bedeutung – sehr preiswert.

Keramik

Die Vielfältigkeit dieses Sammelgebiets spiegelt sich auch in den Marktpreisen wider. Hauptkriterium für die Wertbestimmung eines Objektes ist hier der Erhaltungszustand; Beschädigungen oder Sprünge wirken sich wertmindernd aus. Auch Seltenheit, Herkunft, Alter und dekorativer Wert sind von Bedeutung. In den letzten Jahren sind vor allem die Preise für seltene und kunsthandwerklich wichtige Keramik gestiegen, während die Preise für Mittelware stagnieren. Lediglich bei Fayencen wurde ein deutlicher Preiseinbruch verzeichnet.

Glas

Der Glasmarkt ist einer der wenigen Teilbereiche des Kunstmarktes, der seit den 50er Jahren einen stetigen Aufwärtstrend erfahren hat. Die Preise für Glas vom Barock bis hin zum Jugendstil sind überdurchschnittlich gestiegen. Ein Grund hierfür sind mit Sicherheit die vielen Sammler, die bereit sind, viel Geld für das gesuchte Objekt auszugeben. Auch in Zukunft wird sich hier wohl eine angemessene Preisentwicklung abzeichnen – maßgeblich sind vor allem Qualität und Seltenheit.

Möbel

Nach der abwartenden Haltung im Jahre 1998 – bedingt durch die Skepsis gegenüber der neuen Regierung und boomender Aktienkurse – erwartet Dr. Marion Knauf von Lys Art in Ihringen einen Aufschwung, der allerdings nicht mit wesentlichen Preissteigerungen verbunden sein wird. Außerdem sieht sie eine Abkehr von den streng-klassischen Formen und Mahagoni zugunsten von weichen Formen und »blonderen« Hölzern vorher.

Antiken

Der Markt für archäologische Objekte gilt als wertstabil, woran sich auch in den nächsten Jahren keine Änderung abzeichnen wird. So blickt der Kunsthandel Weber in Köln dann auch optimistisch in die Zukunft. In den letzten Jahren konnte er sogar eine Preissteigerung bei qualitätvolleren Objekten feststellen.

Spielzeug

Spielzeug, Puppen und Teddybären finden gerade in den letzen Jahren immer mehr Sammler und Liebhaber. Die am häufigsten gesuchten Stücke stammen dabei aus der Zeit zwischen 1880 und 1930. Die Preise für Spielzeug aus dieser Zeit sind deshalb auch dementsprechend hoch. Maßgeblich ist hier vor allem die Marke (Sie alle kennen den berühmten Knopf im Ohr der Steiff-Tiere) und der Erhaltungszustand (normale Spielspuren werden allerdings toleriert). Zubehör, wie zum Beispiel Kleidung, erhöht den Wert eines Spielzeugs. Vor allem die Nachfrage an Käthe Kruse Puppen hat in letzter Zeit stark zugenommen, dementsprechend stiegen die Marktpreise zwischen 1995 und 1998 um beinahe 50%.

Neue Sammelgebiete

In den neuen Sammelgebieten, wie zum Beispiel bei Filmplakaten oder –requisiten, Barbiepuppen oder Werbefiguren, kletterten die Preise in jüngster Zeit rasant nach oben. Dass diese Entwicklung anhält, ist zu erwarten.

Chancen für den Kunstmarkt

Eine Entwicklung, die sich in den jüngsten Jahren schon angedeutet hat, wird sich wohl auch in Zukunft fortsetzen: Der Kunstmarkt verlagert sich zur Zeit immer mehr von den klassischen Galerien und Händlern zu den Auktionshäusern. Dadurch, so Markus Eisenbeis von Carola van Ham in Köln, würden auch jüngere Kunden angelockt. Auch bei Nagel in Stuttgart und Neumeister in München erkennt man diese Konzentration auf das Auktionswesen. Die Auktionshäuser müssten dafür jedoch ihren Arbeit optimieren und durch verstärkten Kundenservice und wissenschaftliche Aufarbeitung der Kunstwerke auf ihre Klienten eingehen, fordert man bei Neumeister.

Der Kunsthandel wird auf diese Entwicklung angemessen reagieren müssen, um den Auktionshäusern Paroli zu bieten. So betont die Galerie de Beisac in Wiesbaden neben der Einhaltung eines angemessenen Preis-Leistungs-Verhältnisses auch die Notwendigkeit von guter Beratung und Service seitens des Händlers. Auch müsse dieser vermehrt auf Wünsche der Kunden eingehen und zum Beispiel gezielt auf die Suche nach einem bestimmten Objekt gehen. Ein Fehlen von konzentrierten Aktionen des qualifizierten Fachhandels sowie einen Mangel an qualifizierter Beratung und Fachwissen beklagt dagegen Neidhardt in München. Hier müsse sich etwas ändern, wolle der Kunsthandel sein Niveau halten. Auch bei Reuer in Gladbeck ist man der Meinung, der wirkliche Fachhandel müsse sich von den Trödelmärkten und den kleinen Händlern mit ihren Reproduktionen und umgebauten Möbeln abgrenzen, um bestehen bleiben zu können. Dies müsse durch »exquisite, qualitativ hochwertige und vor allem originale Möbel« geschehen, denn bei hochwertiger Ware ist der Kunde nach wie vor bereit, viel Geld auszugeben, da eine Wertbeständigkeit bzw. sogar ein Wertzuwachs zu erwarten ist. Leicht lässt sich diese Forderung auch auf die anderen Bereiche des Kunstmarktes übertragen. Der Berliner Kunsthändler Jörg Schwandt sieht in der »Spezialisierung bis zur Unverwechselbarkeit« eine große Chance des

Handels, sich gegenüber den Auktionshäusern zu behaupten. Weiterhin seien Expertenwissen, aktive Kundenbetreuung und die Präsenz auf mindestens einer der wichtigen Messen unerlässlich. Auch rät der Silberfachmann, Antiquitäten als Wertanlage nur bei Experten zu kaufen.

Markus Eisenbeis warnt vor Modeerscheinungen; Kunst dürfe nie als reines Spekulationsobjekt betrachtet werden, fordert er. Auch Clemens van Halem macht spekulative Tendenzen für die Preiseinbrüche zu Beginn der 90er Jahre verantwortlich. Jedoch seien diese momentan auf dem Kunstmarkt glücklicherweise nicht zu beobachten.

Auf dem Kunstmarkt ist die Globalisierung schon weit fortgeschritten

Im Kölner Kunsthaus Lempertz wird ebenfalls optimistisch in die Zukunft geblickt. Ein wichtiger Aspekt, so ist man überzeugt, ist die zunehmende Internationalisierung des Kunstmarktes, sowohl im Hinblick auf das Angebot, als auch im Hinblick auf das Publikum. Auf die Rolle des Internets in diesem Prozess geht auch das Kunsthaus Neumeister in München ein: So sei eine »globale Vernetzung und Optimierung« zu erwarten, auch Online-Auktionen werden in Zukunft sicherlich in zunehmendem Maße stattfinden.

Museen und Sammlungen

Wie Sie im Laufe der Lektüre bemerkt haben, wird Kunst schnell zu mehr als »nur« zu einem Hobby. Hat einen erst einmal das Kunstfieber gepackt, so lässt es einen so bald nicht wieder los. Für viele Kunstliebhaber wird ihr Hobby zum Beruf – sei es dadurch, dass sie selbst mit Kunst und Antiquitäten zu handeln beginnen oder mit ihrem Privatvermögen immense Sammlungen aufbauen, die sie dann in Spezialmuseen ausstellen.

Wie wichtig Museen und Sammlungen sind, um einen guten Blick für die Qualität von Kunst zu entwickeln, habe ich in diesem Buch immer wieder betont. Im folgenden will ich Ihnen nun einige Museen und Sammlungen vorstellen, an denen Sie ihr Auge schulen können. Darunter finden Sie sowohl große bekannte Museen, als auch kleinere Spezialsammlungen, die nur einem einzelnen Sammelgebiet gewidmet sind. Natürlich erhebt diese Liste keinen Anspruch auf Vollständigkeit. Halten Sie einmal Ihre Augen offen, wo auch immer Sie unterwegs sind. Sie werden in fast jeder Stadt ein kleines Museum entdecken, das etwas Interessantes birgt!

Museen in Deutschland, Österreich und der Schweiz

Neben den großen Museen der Welt gibt es eine Unzahl von kleineren Museen, die sich teilweise auf ganz bestimmte Sammelgebiete konzentriert haben. Eine Auswahl interessanter Museen mit ihren Schwerpunkten finden Sie hier, nach Postleitzahlen geordnet.

Mathematisch-Physikalischer Salon
im Zwinger
01067 Dresden
Tel. 03 51/4 95 13 64
Uhren

Rüstkammer Zwinger
Sophienstraße
01067 Dresden
Tel. 03 51/49 14-6 26
Waffen, Rüstungen

Porzellansammlung Zwinger
Sophienstraße
01067 Dresden
Tel. 03 51/49 14-6 12
Porzellan

Staatliches Museum für Völkerkunde
Palaisplatz

01067 Dresden
Tel. 0351/814450
Überseeische Kunst

Museum für Sächsische Volkskunst
Köpckestraße 1
01097 Dresden
Tel. 0351/570817
Möbel, Puppen, Spielzeug

Münzkabinett
Güntzstraße 34
01307 Dresden
Tel. 0351/4593813
Münzen

Museum des Kunsthandwerks im
Grassi-Museum
Johannisplatz 5/11
04103 Leipzig
Tel. 03341/2142-0
Porzellan, Möbel

Museum für bergmännische Volks-
kunst und Heimatgeschichte des
Erzgebirges
Obere Zobelgasse 1
08289 Schneeberg
Tel. 03772/22446
U.a. Möbel

Deutsches Historisches Museum
Unter den Linden 2
10117 Berlin

Tel. 030/203040
Militaria

Bode-Museum
Münzkabinett
Bodestraße 1-3
10178 Berlin
Tel. 030/2090 5555
Münzen

Bauhaus-Archiv
Klingelhöferstraße 14
10785 Berlin
Tel. 030/254002-0
Architekturzeichnungen, Gemälde,
Kunsthandwerk, Druck, Photogra-
phien, Skulpturen

Kunstgewerbemuseum
Matthäikirchplatz
10785 Berlin
Tel. 030/2662902
Fayencen, Steinzeug, Glas, Jugendstil,
Porzellan, Schmuck, Silber, Uhren

Museum für Volkskunde
Im Winkel 6/8
14195 Berlin
Tel. 030/2090 5555
Kunsthandwerk, Gebrauchsgüter, u.a.
Möbel

Museum für Völkerkunde
Lansstraße 8
14195 Berlin
Tel. 0 30/20 90 55 55
Überseeische Kunst

Museum für Islamische Kunst
Arnimallee 23/27
14195 Berlin
Tel. 0 30/83 01-3 92
U.a. Teppiche

Museum für Kunst und Gewerbe
Steintorplatz 1
20099 Hamburg
Tel. 0 40/24 86-26 30
Fayencen, Steinzeug, Glas, Jugendstil,
Porzellan, Schmuck, Silber, Teppiche,
Zinn

Museum für Völkerkunde
Binderstraße 14
20148 Hamburg
Tel. 0 40/44 19 55 24
Überseeische Kunst

Jenisch-Haus/
Museum großbürgerlicher Wohnkultur
Baron-Voght-Straße 50
22096 Hamburg
Tel. 0 40/79 01 76
Historische Räume und Möbel

Altonaer Museum
Museumstraße 23
22765 Hamburg
Tel. 0 40/38 07-5 14
Kunst- und Kulturgeschichte, u.a.
Möbel, Puppen, Spielzeug, Silber

Schleswig-Holsteinisches
Landesmuseum
Schloß Gottorf
24837 Schleswig
Tel. 0 46 21/8 13-0
Kunst- und Kulturgeschichte vom
Mittelalter bis zum 19. Jahrhundert,
u.a. Möbel

Focke-Museum
Schwachhauser Heerstraße 240
28213 Bremen
Tel. 04 21/4 96 35 75
Volks- und Heimatkunde, Bürgertum
des 18. und 19. Jahrhunderts, u.a.
Schmuck

Kestner-Museum
Trammplatz 3
30159 Hannover
Tel. 05 11/32 70 81
Fayencen, Steinzeug, Glas

Hessisches Landesmuseum
Brüder-Grimm-Platz 5
34117 Kassel
Tel. 05 61/78 46-0

Kunsthandwerk des 16. bis 18. Jahrhunderts, u.a. Silber, astronomisch-physikalisches Kabinett mit Uhren

Glasmuseum
Am Bahnhof 3
34376 Immenhausen
Tel. 05673/2060
Glas

Hessisches Militärmuseum
Schloß Friedrichstein
34537 Bad Wildungen
Tel. 05621/6577
Militaria

Sammlungen des Instituts für
Völkerkunde
Theaterplatz 15
37073 Göttingen
Tel. 0551/397892
Überseeische Kunst

Herzog-Anton-Ulrich-Museum
Museumstraße1
38100 Braunschweig
Tel. 0531/4842400
Fayencen, Steinzeug, Schmuck

Landesmuseum für Geschichte
und Volkstum
Burgplatz 1
38100 Braunschweig
0531/484-2602

Volkskunst, Volksgewerbe, Kulturgeschichte, Kunstgewerbe, Möbel

Hetjens-Museum/
Deutsches Keramikmuseum
Schulstraße 4
40213 Düsseldorf
Tel. 0211/8994201
Fayencen, Steinzeug, Glas, Porzellan

Kunstmuseum mit Glasmuseum
Hentrich
Ehrenhof 5
40479 Düsseldorf
Tel. 0211/8992460
Glas, Jugendstil

Deutsches Klingenmuseum
Klosterhof 4
42653 Solingen
Tel. 0212/59822
Militaria, Waffen

Ruhrlandmuseum
Goethestraße 41
45128 Essen
Tel. 0201/8845010
Möbel, Schmuck

Kaiser-Wilhelm-Museum
Karlsplatz 35
47798 Krefeld
Tel. 02151/770044
Jugendstil

Museum für Angewandte Kunst
An der Rechtschule
50667 Köln
Tel. 02 21/2 21 38 60
Fayencen, Steinzeug, Glas, Jugendstil,
Möbel, Porzellan, Zinn

Rautenstauch-Joest-Museum
für Völkerkunde
Ubierring 45
50678 Köln
Tel. 02 21/33 69 40
Überseeische Kunst

Rheinisches Landesmuseum
Colmantstraße 14-16
53115 Bonn
Tel. 02 28/72 94-1
Kunst- und Kunsthandwerk, u.a.
Schmuck

Spielzeugmuseum
Nagelstraße 4-5
54290 Trier
Tel. 06 51/7 58 50
Puppen, Spielzeug

Landesmuseum
Große Bleiche 49/51
55116 Mainz
Tel. 0 61 31/23 29 55
Kunst von der Antike bis zur
Gegenwart, u.a. Porzellan

Wehrtechnische Studiensammlung
Landesmuseum
Festung Ehrenbreitstein
56077 Koblenz
Tel. 02 61/7 10 12
Waffen, Militaria

Historisches Museum
Saalgasse 19
60311 Frankfurt
Tel. 0 69/3 55 99
Fayencen, Steinzeug, Möbel

Museum für Kunsthandwerk
Schaumainkai 17
60594 Frankfurt
Tel. 0 69/2 12-3 40 37
Internationales Kunsthandwerk aus al-
len Epochen, u.a. Fayencen, Steinzeug,
Glas, Jugendstil, Porzellan, Schmuck,
Teppiche, Zinn

Museum für Völkerkunde
Schaumainkai 29
60594 Frankfurt
Tel. 0 69/21 23 53 91
Überseeische Kunst

Hessisches Puppenmuseum
Parkpromenade 4
63454 Hanau-Wilhelmsbad
Tel. 0 61 81/84 00 76
Puppen, Spielzeug

Hessisches Landesmuseum
Friedensplatz 1
64283 Darmstadt
Tel. 06151/165703
Kunst- und Kulturgeschichte, u.a. Glas,
Jugendstil, Möbel, Schmuck

Saarland-Museum
Bismarckstraße 11-19
66121 Saarbrücken
Tel. 0681/99640
Malerei und dekorative Kunst aus dem
18. bis 20. Jahrhundert, u.a. Möbel

Reiß-Museum
D 5
68159 Mannheim
Tel. 0621/29330-96
Fayencen, Steinzeug

Kurpfälzisches Museum
Hauptstraße 97
69117 Heidelberg
Tel. 06221/583400
Kunst- und Kulturgeschichte,
u.a. Fayencen, Steinzeug

Württembergisches Landesmuseum
Altes Schloß
Schillerplatz 6
70173 Stuttgart
Tel. 0711/279-0
Kultur- und Kunstgeschichte, u.a.
Fayencen, Steinzeug, Möbel, Puppen,

Spielzeug, Schmuck, Silber, Uhren,
Zinn

Linden-Museum
Hegelstraße 1
70174 Stuttgart
Tel. 0711/2022-3
Überseeische Kunst

Badisches Landesmuseum
Schloßstraße 1
76131 Karlsruhe
Tel. 0721/926-6542
Ägyptische Kunst, Archäologie, Plastik
vom Mittelalter bis zum Klassizismus,
Kunsthandwerk, u.a. Fayencen, Stein-
zeug, Jugendstil, Möbel, Zinn

Wehrgeschichtliches Museum
Karlstraße 1
76437 Rastatt
Tel. 07222/34244
Waffen, Militaria

Augustinermuseum
Augustinerplatz
79098 Freiburg
Tel. 0761/2012521
Einheimische Kunst, u.a. Möbel

Stadtmuseum
St.-Jakobs-Platz 1
80331 München
Tel. 089/233-22370

Gemälde, Graphik, Kunsthandwerk,
Volkskunst, u.a. Fayencen, Steinzeug,
Jugendstil, Waffen, Militaria, Möbel

Staatliche Münzsammlung
Residenzstraße 1
80333 München
Tel. 089/227221
Münzen

Residenzmuseum
Max-Joseph-Platz 3
80333 München
Tel. 089/29067-1
Dekorative Kunst, u.a. Porzellan,
Schmuck, Silber

Bayerisches Nationalmuseum
Prinzregentenstraße 3
80538 München
Tel. 089/2 11 24-1
Malerei und Skulptur vom Mittelalter
bis in die Neuzeit, Kunsthandwerk, u.a.
Fayencen, Steinzeug, Jugendstil, Waffen, Militaria, Möbel, Porzellan,
Schmuck, Silber, Teppiche, Uhren,
Zinn

Staatliches Museum für Völkerkunde
Maximilianstraße 42
80538 München
Tel. 089/22 45 82
Überseeische Kunst

Bayerisches Armeemuseum
Neues Schloß
Paradeplatz 4
85049 Ingolstadt
Tel. 0841/35067
Waffen, Militaria

Meissener Porzellansammlung
Schloß Lustheim
85764 Oberschleißheim
Tel. 089/3 15 02 12
Porzellan

Maximiliansmuseum
Philippine-Welser-Straße 24
86150 Augsburg
Tel. 0821/3242173
Kunst und Kunsthandwerk, u.a. Silber,
Uhren, Zinn

Germanisches Nationalmuseum
Kartäusergasse 1
90402 Nürnberg
Tel. 0911/1331-284
Gemälde, Plastik, Glasmalerei, Textilien, Möbel, Waffen, Tapisserien vom
frühen Mittelalter bis ins 20. Jahrhundert, Möbel, Silber, Uhren, Zinn

Spielzeugmuseum der Stadt Nürnberg
Karlstraße 13-15
90403 Nürnberg
Tel. 0911/2313164
Puppen, Spielzeug

Verkehrsmuseum
Lessingstraße 6
90443 Nürnberg
Tel. 09 11/2 19 24 28
Telefonkarten

Kulturgeschichtliche Sammlungen
Dachauplatz 2-4
93047 Regensburg
Tel. 09 41/5 07-34 40
Kulturgeschichte, u.a. Jugendstil,
Möbel

Glasmuseum
Am Museumspark 1
94258 Frauenau (Bayerischer Wald)
Tel. 0 99 26/9 40 00
Glas

Kunstsammlungen der Veste Coburg
96450 Coburg
Tel. 0 95 61/87 90
Graphiken, Urkunden, Kunst und
Kunsthandwerk, u.a. Glas, Schmuck,
Uhren

Museum der Deutschen
Spielzeugindustrie
Hindenburgplatz
96465 Neustadt b. Coburg
Tel. 0 95 68/56 00
Puppen, Spielzeug

Mainfränkisches Museum
Festung Marienberg
97082 Würzburg
Tel. 09 31/4 30 16
Kunst- und Kulturgeschichte, u.a.
Fayencen, Steinzeug, Möbel, Porzel-
lan, Uhren, Zinn

Österreichisches Museum für
angewandte Kunst
Stubenring 5
A-1010 Wien
Tel. 00 43/1/7 11 36
Glas, Jugendstil, Porzellan, Teppiche

Kunsthistorisches Museum
Burgring 5
A-1010 Wien
Tel. 00 43/1/5 21 77
Waffen, Militaria, Münzen, Silber

Uhrenmuseum
Schulhof 2
A-1010 Wien
Tel. 00 43/1/63 22 65
Uhren, Armbanduhren

Niederösterreichisches Landesmuseum
Herrengasse 9
A-1014 Wien
Tel. 00 43/1/5 31 10-35 05
Fayencen, Steinzeug, Möbel

MUSEEN UND SAMMLUNGEN

Museum für Völkerkunde
Neue Hofburg
Heldenplatz
A-1014 Wien
Tel. 00 43/1/93 45 41
Überseeische Kunst

Heeresgeschichtliches Museum
Arsenal
Objekt 1
A-1030 Wien
Tel. 00 43/1/78 23 03
Waffen, Militaria

Österreichisches Museum für
Volkskunde
Laudongasse 15-19
A-1080 Wien
Tel. 00 43/1/43 89 05
Fayencen, Steinzeug, Möbel, Zinn

Technisches Museum für Kunst
und Gewerbe
Mariahilfer Straße 212
A-1140 Wien
Tel. 00 43/1/8 91 01
Glas

Kinderweltmuseum
Schloß Walchen
A-4870 Vöcklamarkt
Tel. 00 43/76 82/62 46
Puppen, Spielzeug

Spielzeugmuseum
Bürgerspitalgasse 2
A-5020 Salzburg
Tel. 00 43/6 62/84 75 60
Puppen, Spielzeug

Museum Carolino Augusteum
Museumsplatz 6
A-5020 Salzburg
Tel. 00 43/6 62/84 31 45
u.a. Möbel

Volkskundemuseum im Schloßpark
Hellbrunn
A-5020 Salzburg
Tel. 00 43/6 62/84 11 34-0
u.a. Möbel

Bergisel-Museum der Kaiserjäger
Bergisel Nr. 1
A-6020 Innsbruck
Tel. 00 43/5 12/58 23 12
Waffen, Militaria

Tiroler Volkskunstmuseum
Universitätsstraße 2
A-6020 Innsbruck
Tel. 00 43/5 12/58 43 02
u.a. Möbel

Vorarlberger Landesmuseum
Kornmarkt 1
A-6900 Bregenz
Tel. 00 43/55 74/4 60 50

Landeszeughaus
Herrengasse 16
A-8010 Graz
Tel. 0043/316/877-2778
Waffen, Militaria

Steirisches Glasmuseum
Hochregisterstraße 1
A-8572 Bärnbach
Tel. 0043/3142/62950
Glas

Musée des Arts Décoratifs
Av. Villamont
CH-1005 Lausanne
Tel. 0041/21/230756
Glas

Musée Militaire Vaudois
Château der Morges
CH-1110 Morges
Tel. 0041/21/8012616
Waffen, Militaria

Musée de l'Horologerie
15 Route de Malagnou
CH-1208 Genf
Tel. 0041/22/7367412
Uhren, Armbanduhren

Waffensammlung Château de Grandson
Place du Château
CH-1422 Grandson

Tel. 0041/24/242926
Waffen, Militaria

Musée International d'Horologerie
20 Rue des Musées
CH-2301 La-Chaux-de-Fond
Tel. 0041/39/236263
Uhren, Armbanduhren

Musée d'Horologerie
Château des Monts
CH-2400 Le Locle
Tel. 0041/39/51222
Uhren, Armbanduhren

Historisches Museum
Helvetiaplatz 5
CH-3000 Bern
Tel. 0041/31/431811
U.a. Möbel

Schweizerisches Museum für Volkskunde
Augustinergasse 2
CH-4001 Basel
Tel. 0041/61/2665500
U.a. Möbel, Puppen, Spielzeug

Basler Kunstmuseum
St.-Alban-Graben 16
CH-4010 Basel
Tel. 0041/61/220828
Kupferstiche, Malerei, Plastik

Altes Zeughaus
Zeughausplatz 1
Ch-4500 Solothurn
Tel. 00 41/65/23 35 28
Waffen, Militaria

Historisches Museum
Pfistergasse 24
CH-6000 Luzern
Tel. 00 41/41/24 54 24
Waffen, Militaria

Rätisches Museum
Hofstraße 1
CH-7000 Chur
Tel. 00 41/81/22 82 77
U.a. Möbel

Museum der Zeitmessung Beyer
Bahnhofstraße 31
CH-8001 Zürich
Tel. 00 41/1/2 21 10 80
Uhren, Armbanduhren

Zürcher Spielzeugmuseum
Fortunagasse 12
CH-8001 Zürich
Tel. 00 41/1/2 11 93 05
Puppen, Spielzeug

Museum Bellerive
Kunstgewerbemuseum
Höschgasse 3
CH-8008 Zürich
Tel. 00 41/1/3 83 43 76
Glas

Schweizerisches Landesmuseum
Museumstraße 2
CH-8023 Zürich
Tel. 00 41/1/2 11 10 10
Fayencen, Steinzeug, Waffen, Militaria,
Möbel, Puppen, Spielzeug, Silber, Zinn

Puppenmuseum
Schwarzhorngasse 136
CH-8260 Stein a. Rhein
Tel. 00 41/54/41 39 66
Puppen

Uhrensammlung
Rathaus
Marktgasse 20
CH-8400 Winterthur
Tel. 00 43/52/84 51 26

Anhang

Fachliteratur

Zeitschriften

Weltkunst. Aktuelle Zeitschrift für Kunst und Antiquitäten (15 Ausgaben pro Jahr, 18 DM, Vor- und Nachberichte von Auktionen aus dem In- und Ausland, aktuelle Auktions-, Ausstellungs- und Messetermine), zu beziehen über:
Weltkunst Verlag GmbH
Nymphenburger Straße 84
80636 München
Tel. 089/12 69 90-0
Fax 089/12 69 90-11

Antiquitäten-Zeitung (zweiwöchentlich, 4 DM, eher für Händler und Auktionshäuser gedacht, Termine von Messen, Märkten, Ausstellungen und Auktionen), zu beziehen über:
Antiquitäten-Zeitung
Nymphenburger Straße 84
80336 München
Tel. 089/12 69 90-0
Fax 089/12 69 90-11

Sammler Journal (monatlich, 7,50 DM, viele Termine auf »Blauen Seiten«), zu beziehen über:
Journal Verlag Schwend GmbH
Schmollerstraße 31b
74523 Schwäbisch Hall

Tel. 07 91/4 04-5 52
Fax 07 91/4 04-1 11

Trödler & Sammeln (monatlich, 6,90 DM, Kleinanzeigen, Termine), zu beziehen über:
GEMI Verlags GmbH
Pfaffenhofener Straße 3
85293 Reichertshausen
Tel. 0 84 41/40 22-0
Fax 0 84 41/7 18 46

Art – Das Kunstmagazin (monatlich, 15,30 DM pro Ausgabe) zu beziehen über:
Gruner + Jahr AG
Am Baumwall 11
20459 Hamburg
Tel. 0 40/37 03-0

Apollo. The International Magazine of Art and Antiques (monatlich, Jahresabonnement £ 75,00), zu beziehen über:
Apollo
1 Castle Lane
GB-London SW1E 6DR
Tel. 00 44/1 71/2 33 89 06
Fax 00 44/1 71/2 33 71 59

Allgemeine Literatur

Glogger, Helmut-Maria, *Kunst und Antiquitäten sachkundig kaufen*. Düsseldorf: ECON 1985
Herchenröder, Christian, *Die Kunstmärkte*. Düsseldorf: ECON 1978

Herchenröder, Christian, *Die neuen Kunstmärkte. Analyse, Bilanz, Ausblick.* Düsseldorf: Verlag Wirtschaft und Finanzen 1990

Kunstadressbuch Deutschland, Österreich, Schweiz 1998/99. ISBN 3-598-0233-3. KG Saur

Kunstpreis-Jahrbuch. München: Weltkunst Verlag, jährlich neu

Marquardt, Martin, *Original oder Fälschung?* Augsburg. Battenberg Verlag

Nagel, Gert K., *Battenberg Antiquitätenführer.* Augsburg: Battenberg 1998. Erscheint jährlich neu, bis 1995/96 unter dem Titel *Kunst – Auktionen- Preise.*

Scherrer, Elisabeth, *Kunst und Antiquitäten sammeln.* München: Südwest 1994

Antiquitäten- und Sammlerbücher aus dem Battenberg Verlag

Abendroth u.a.: *Das Design-Buch*
Bornheim, Bernhard: *Ikonen*
Domke/Richter: *Modelleisenbahnen der DDR*
Eisbach, Bernhard: *Das Carrera-Buch*
Frankl, Beatrice: *Miniatur-Flacons*
Gärtner/Graf: *Modellautos der DDR*
Haaf, Rainer: *Gründerzeit-Möbel*
Hillebrand/Kadlubek: *Photografica*
Hölz, Christoph (Hrsg.) *Interieurs der Goethezeit*
Huber, Rudger: *Schuco*

Huber, Rudger: *Schuco Piccolo*
Kersting, Martin: *Alte Bücher sammeln*
Klingenbrunn, Marietta: *Deutsche Porzellanmarken von 1708 bis heute*
Liehm, Dieter: *Schönes, altes Blechspielzeug von 1880 bis 1970*
Majonica, Rudolf: *Küchenantiquitäten*
Menzel, Adolf: *Die Armee Friedrichs des Großen in ihrer Uniformierung*
Miller, Judith (Hrsg.) *Battenberg Antiquitäten Enzyklopädie*
Müller/Thiem: *Die Schätze der Pharaonen*
Nimmerguth u. a.: *Katalog Deutsche Orden und Ehrenzeichen von 1871 bis heute*
Pressler/Straub: *Biedermeier-Möbel*
Salm, Wolfgang: *Armband-Chronographen*
Sjöberg/Sjöberg/Snitt: *das Schwedische Interieur*
Stahlbusch, Till A.: *Tafelporzellan und Tischkultur*
Struss, Dieter: *Trinkgläser*
Trödler & Sammeln (Hrsg.) *Auktionspreise 2000*
Trödler & Sammeln (Hrsg.) *Die schönsten Antik- und Flohmärkte Europas*
Väterlein/Wagner: *Märklin-Eisenbahnen*

Münzkataloge

Arnold/Küthmann/Steinhilber, *Großer Deutscher Münzkatalog von 1800 bis heute.*
Faßbender, Dieter: *Münzen sammeln.*

Gebhard/Backes: *Münzkatalog Römische Republik.*
Kankelfitz, B. Ralph: *Römische Münzen.*
Schlumberger, Hans, *Goldmünzen Europas.*
Schön, Günter: *Kleiner Deutscher Münzkatalog von 1871 bis heute. Mit Schweiz, Österreich und Liechtenstein.*
Schön, Günter: *Weltmünzkatalog 20. Jahrhundert.*
Schön/Cartier: *Weltmünzkatalog 19. Jahrhundert.*
Winkowski, Horst: *Münzen pflegen*

Auch im Deutschen Kunstverlag München sind eine Reihe von *Weltkunst Antiquitätenführern* erschienen, und zwar zu folgenden Themen: Empire- und Biedermeier-Möbel, Modeschmuck, Art déco, Kunst und Antiquitäten von A bis Z, Porzellan, Postkarten, Uhren, Möbel, Ostasiatica, Gemälde des 19. Jahrhunderts, Erotica.

Nützliche Adressen

Bundesverband des deutschen Kunst- und Antiquitätenhandels e.V. (BDKA)
St.-Apern-Str. 17
50667 Köln
Tel. 02 21/2 57 44 34

Bundesverband deutscher Galerien e.V.
St.-Apern-Str. 17
50667 Köln
Tel. 02 21/2 57 49 39
Fax 02 21/2 57 49 84

Bundesverband deutscher Kunstversteigerer e.V.
Erdener Str. 5a
14193 Berlin
Tel. 0 30/8 91 29 70
Fax 0 30/8 91 80 25

Dt. Verein für Kunstwissenschaft
Jebensstr. 2
10623 Berlin
Tel. 0 30/3 13 99 32

Rheinischer Kunsthändlerverband
St.-Apern-Str. 17
50667 Köln
Tel. 02 21/25 62 94

Verband Süddt. Kunsthändler
Dantestr. 29
80337 München
Tel. 0 89/1 57 73 49

Verband norddt. Kunsthändler
Elbchaussee 264
22605 Hamburg
Tel. 0 40/82 92 19
Fax 0 40/82 62 23